Sandra Grüning

Glücksorte auf Usedom

Fahr hin & werd glücklich

D

Dieses
Glücksbuch
ist für

Liebe Glücksuchende,

manchmal muss man fortgehen und über den Inselrand hinausschauen, um zurückzukehren und das, was man verlassen hat, zu schätzen. So erging es mir nach 13 Jahren im südlichsten Zipfel Deutschlands. Der Strandsand in den Taschen und die Sehnsucht nach der Ostseeweite nach jedem Heimatbesuch haben meinen Weg wieder an wellenrauschende Gefilde zurückgeführt. Seitdem habe ich das Eiland bis in die versteckten Winkel kennengelernt, seinen Geschichten gelauscht und wunderschöne, köstliche und skurrile Glücksorte gefunden. Schon einmal Himmelstorte gegessen? Oder mit einem plüschigen Entschleunigungsguru spazieren gegangen? Aus allen Wolken gefallen? Oder Jahrmillionen gestreichelt? Mit diesem Buch möchte ich Sie an Orte mitnehmen, die die Seele berühren oder ein Schmunzeln ins Gesicht zaubern. Usedom ist mehr als Ostsee und Strand. Hinter jedem Baum, jedem Hügel, jedem Reet findet man verträumte Ecken, die glücklich machen. Kein Wunder, dass man diesem Fleckchen Erde sein Herz schenkt. Sind auch Sie reif für die Insel?

Ihre Sandra Grüning

GLÜCK

Deine Glücksorte ...

... noch mehr Glück für dich

Glücksrausch mit Meerblick

1 Unterwegs auf dem Heringsdorfer Baumwipfelpfad

Schon einmal in einem Meer aus Bäumen gebadet, einem Specht vis-à-vis bei der Arbeit zugesehen oder aus der Möwenperspektive über eine Insel geschaut? Der Baumwipfelpfad in Heringsdorf macht Ausblicke und Weitblicke möglich, die es sonst nirgends auf Usedom zu erspähen gibt. Mitten durch den Kur- und Heilwald schlängelt sich der 1350 Meter lange Spazierweg den Präsidentenberg hinauf. Vorbei an den Kronen uralter Buchen und Kiefern ermöglicht er intime Einblicke in das Leben in luftiger Höhe. Umgeben von sattem Grün, empfängt den Wipfelgänger ein ganzes Vogelorchester. Von allen Seiten schallt es in den schönsten Tönen. Der Blick über die Ostsee ist atemberaubend – genauso wie der Blick in die Tiefe. 23 Meter geht es steil hinab.

Wie gut, dass der Pfad von dicken Douglasienstämmen getragen wird. Insgesamt 950 Kubikmeter Holz wurden verbaut. Mit einer Steigung von sechs Prozent geht es gemächlich höher, sodass der Weg barrierefrei für jeden zu einem Spaziervergnügen wird. Unterwegs gibt es Erlebnisstationen, die etwas über die Fauna und Flora vor Ort erzählen, interessante Einblicke in die Umweltentwicklung geben oder auf die Geschichte der Kaiserbäder eingehen. Hier erfährt man, dass es bereits mehr als 100 Jahre zuvor schon einen Turm, eine Bismarckwarte, auf dem Präsidentenberg gegeben hat. Fans des Höhenrauschs können sich an Balancier- und Wackelelementen ausprobieren. Für sie hält der Pfad noch einen besonderen Kick bereit. Denn Highlight des Rundweges ist der 33 Meter hohe Aussichtsturm. Von ihm aus kann man die gesamte Insel überblicken – bis hinüber nach Rügen reicht bei gutem Wetter die Sicht. Mit seinen 75 Metern über dem Meer ist der Turm der höchste begehbare Ort auf Usedom. Von Zeit zu Zeit finden hier außergewöhnliche Veranstaltungen wie Sonnenuntergangsdinner oder kleine Konzerte statt.

Auf der obersten Plattform ist ein 50 Quadratmeter großes Netz gespannt. Wie wär's also mit einer kleinen Mutprobe? Keine Angst, der Nervenkitzel ist absolut sicher.

TIPP

Sonnenuntergang in 33 Metern Höhe: Ab und an lädt der Baumwipfelpfad zu diesem Naturschauspiel ein.

- Baumwipfelpfad Heringsdorf, Am Bahnhof 12, 17424 Heringsdorf baumwipfelpfade.de/usedom
- ÖPNV: Haltestelle Heringsdorf Bahnhof

Übers Wasser wandeln

2 Auf der Seebrücke von Koserow

Glutrot geht die Sonne im Sommer im kleinen Seebad Koserow in der Ostsee unter. Auf den hölzernen Planken der Koserower Seebrücke ist dieser letzte Vorhang des Tages mit einem Glas Wein in der Hand ein staunenswertes und genussvolles Schauspiel. Aber nicht nur der Sonnenuntergang ist hier ein echter Hingucker, die Seebrücke ist es ebenfalls. Wie eine Welle schlängelt sie sich ins Meer. Auf großen Plattformen mit Holzterrassen und urigen Sitzmöglichkeiten wird das Ostseeluftschnuppern zu einem entspannenden und entschleunigenden Auszeitvergnügen.

Die Koserower lieben ihre Brücke. Der Seesteg aus den 1990er-Jahren mit seiner hölzernen Pyramide war in die Jahre gekommen und der Wunsch nach einem neuen Spazierweg über dem Meer war groß. Die Einwohner hatten viele Ideen und Vorschläge. Die Natur und der freie Blick auf die Steilküste, den Streckelsberg, sollten im Vordergrund stehen. Und sie wünschten sich einen Ort, an dem man sich gerne aufhält. Die Wellenoptik überzeugte auf Anhieb – genauso wie die großen Sitzlandschaften für Konzerte und Veranstaltungen. Im Juli 2021 konnte die Brücke eröffnet werden. Auf beiden Plattformen und auch auf dem 280 Meter langen Steg selbst gibt es Bänke und Strandkorbdrehsessel zum Ausspannen und In-die-Weite-Schauen. Ein Glockenturm erinnert mit seinem Läuten an die Vineta-Sage. Auch bei Nacht ist die hölzerne Welle ein Highlight, denn die Brücke ist mit LED-Bändern beleuchtet und sorgt illuminiert für eine einzigartige Atmosphäre. Der Gaumen- und Kehlengenuss kommt ebenfalls nicht zu kurz. Auf der großen Plattform am Ende der hölzernen Welle offeriert eine kleine, aber feine mobile Wein- und Cocktailbar das passende Getränk zum romantischen Sonnenuntergangsszenario. Auch bei Frühaufstehern ist sie ein Magnet für besondere Momente. Denn im Sommer lädt Koserow zu Sonnenaufgangskonzerten über dem Meer ein. Gibt es einen schöneren Start in den Tag, als bei wundervollen Klavierklängen hinaus in die glitzernde Ostseeweite zu schauen?

● Seebrücke Koserow, 17459 Koserow
● ÖPNV: Haltestelle Koserow Bahnhofstraße oder Koserow Feuerwehr, 10 Minuten Fußweg

Eine Leinwand im Meer

3

Sommerkino mit Seebrückenkulisse

Der Strand ist der Sehnsuchtsort für alle Sonnenanbeter, Luftmatratzenpiraten, Kleckerburgarchitekten und Berufsbadenixen. Dabei ist der Strand im Ostseebad Heringsdorf weit mehr als nur ein Ort für das süße Nichtstun und zum Baden. Wenn abends die Sonne hinter der Düne in flammendem Rot und glühendem Orange untergeht und den Himmel über der Ostsee in zarte Blau- und Rosatöne einfärbt, wird der Strand zu einem Ort, an dem – die Füße in den warmen Sand eingegraben, in der Hand ein kühles Bier – Helden die Welt retten und uns die ganz große Liebe in romantischen Bildern begegnet. Die wohl außergewöhnlichste Kulisse für lauschige Kinoabende oder auch mitfiebernde Fußballmomente bietet eine 43 Quadratmeter große LED-Wand mitten in der Ostsee neben der Heringsdorfer Seebrücke.
Ursprünglich hatte das ZDF die Leinwand 2012 für seine Live-Berichterstattung der Fußball-Europameisterschaft in Polen und der Ukraine dort mitten in die Meereswellen hineingesetzt. Das Gestell der Leinwand hatte der Fernsehsender der Gemeinde anschließend geschenkt. Seitdem wird es in den Sommermonaten mit LED-Technik bestückt und als Kino für Blockbuster, Arthouse-Filme und so manchen Filmklassiker genutzt. Der Sound kommt über Funkkopfhörer, die jeder Zuschauer beim Kauf der Karte erhält. Gemütlich im Liegestuhl mit Blick auf die Ostseekulisse ist der Filmgenuss außergewöhnlich. Auf der LED-Wand gibt es aber nicht nur Kinofilme zu sehen. Mehrmals in der Woche können Inselliebhaber und Naturfans sich von den wundervollen Bildern einheimischer Fotografen faszinieren lassen. Sie zeigen in beeindruckenden Bilder-Shows ihre Insel, die versteckten Ecken genauso wie die bekannten Orte – nicht selten aus einer neuen oder ganz ungewohnten Perspektive. Die Künstler sind bei ihren Shows vor Ort und erzählen etwas über ihre Lieblingsspots. Der eine oder andere Geheimtipp wird dabei auch verraten. Zu internationalen Fußballspielen verwandelt sich der Strand zudem in eine quirlig bunte Public-Viewing-Arena.

- Sommerkino im Meer, Seebrücke, 17424 Heringsdorf
  pretix.eu/Sommerkino/TVA
- ÖPNV: Haltestelle Heringsdorf Seebrücke

Nur Schweben ist schöner

4 Mit dem SUP übers Achterwasser

Umgeben von unberührter Natur schwimmt das Board lautlos über das Achterwasser. Schilfgesäumte Buchten reihen sich aneinander. Die Strahlen der tief stehenden Sonne tauchen die Szene in traumhaft schönes Licht. Wolken gleiten auf dem blitzblanken Wasserspiegel unter dem Board dahin. Der Horizont verschwimmt im blauen Nichts. Es ist, als schwebe man durch die Welt. Die Gedanken sind ausgeschaltet. Einfach nur sein. Das Glück spüren. Und die Welt aus einem anderen, stillen Blickwinkel wahrnehmen. So fühlt es sich an, wenn man zum ersten Mal auf einem Stand-up-Board steht und geräuschlos über das Wasser treibt. Ein Gefühl, das süchtig macht und schon beim Paddeln die Sehnsucht nach dem nächsten Mal schürt. Wenn das Wasser ruhig ist, ist das Stand-up-Paddling ein Kinderspiel. Es erfordert lediglich ein bisschen Gleichgewichtsgefühl. Nur die ersten Minuten sind ein wenig wackelig, aber das legt sich schnell. Ins Wasser fällt der Paddler eher selten. Wer doch einmal dem kühlen Nass zu nahe kommt, für den ist das Achterwasser zum Glück so flach, dass man darin stehen kann.

Ein bisschen kniffliger wird es auf der offenen Ostsee. Mit etwas Übung gelingt das Paddeln jedoch auch bei Wellengang. Ausleihen und ausprobieren kann man das Stand-up-Board übrigens an vielen Stellen auf der Insel. Die Windsport-Schule in Ückeritz, die Anlegestelle in Neppermin oder der kleine Strand von Pudagla sind die wohl schönsten Ausgangspunkte für romantische Sonnenuntergangspaddelvergnügen. Denn zum Tagesende legt sich meist der Wind im Usedomer Hinterland und die Stimmung über dem Achterwasser ist malerisch. Bei längeren Touren ist ein Picknick auf dem Wasser etwas Besonderes. Für alles, was trocken bleiben soll, gibt es wasserdichte Hüllen. Wer die Augen offen hält, hat bei einer Paddeltour gute Chancen, die tierischen Inselbewohner wie Seeadler, Biber, Eisvögel oder so manch ausgewachsenen Hecht aus der Nähe kennenzulernen.

- Windsport Usedom, Hauptstraße 36, 17459 Ückeritz
windsport-usedom.com
- ÖPNV: Haltestelle Ückeritz Sportboothafen, 5 Minuten Fußweg

Hier wird's wild

5 In der Pferdetränke feines Wild schlemmen

Mitten im verträumten Dörfchen Krummin, neben einem alten Fachwerkhaus mit blauen Fenstern, kündet ein Schilderbaum von köstlichen Schlemmereien selbst gemachter Art und lädt dazu ein, auf seinen Hof zu kommen. Hinter dem großen Tor öffnet sich ein idyllischer Garten. Die Pferdetränke ist ein liebevoll hergerichtetes Fleckchen Usedom, an dem Ankommen und Loslassen ein Leichtes ist. Überall auf der Wiese verstreut stehen Tische, umgeben von Büschen und Blumen. Gartenkunst gibt es allerorten zu entdecken. An kleinen Lauben rankt Wein und in allen Ecken blüht oder duftet es nach reifem Obst. Beim Aufschlagen der Karte läuft einem das Wasser im Mund zusammen. Deftige Eintöpfe, im Steinofen gebackenes Brot, selbst gemachtes Schmalz. Doch der absolute Schlemmertipp sind die feinen Wildspezialitäten. Der Besitzer des Gartencafés ist Jäger und lässt das selbst geschossene Wild in einer Familienschlachterei bei Anklam räuchern und zubereiten.

Für Wildliebhaber ist die Pferdetränke also ein echter Genusstipp. Zu manchen Jahreszeiten hängen über dem Tresen der kleinen Pferdetränke-Gaststube die würzig duftenden Wild-Schinken und Wild-Salami sogar von der Decke. Aber auch der Fisch ist frisch vom heimischen Fischer geordert und der Käse kommt ebenfalls aus der Region. Selbst gebackener Kuchen darf natürlich in einem Gartencafé nicht fehlen. Zu empfehlen ist der Blechkuchen oder der legendäre Krumminer Sturmsack, ein gefüllter Windbeutel. Der Kaffee ist gut, doch wer etwas von der Insel trinken möchte, dem sei das Bier aus der Heringsdorfer Inselbrauerei ans Herz gelegt. Auch wenn es äußerst selten vorkommt, dass auf Usedom einmal so richtiges Schietwetter ist, können in der Pferdetränke die selbst gemachten Köstlichkeiten auch im rustikalen und beheizten Wintergarten verschmaust werden.

Bevor man geht, sollte man unbedingt im kleinen Streichelzoo hinter dem Café vorbeischauen. Drei Esel, ein Ziegenbock und ein paar Kaninchen sorgen für zusätzliche Entschleunigung und Glücksgefühle.

● Zur Pferdetränke, Dorfstraße 31, 17440 Krummin
pferdetränke-krummin.de
● ÖPNV: Haltestelle Krummin

Zur Pferdetränke

Schwimmende Träume

6 Die Hausboote im Naturhafen Krummin

Es ist Schmuddelwetter. Der Wind peitscht unablässig Regenschleier über die kleine, vom Schilf umfriedete Bucht. Die Stahlseile an den unzähligen Bootsmasten, die hier vor Anker liegen, pfeifen zu jeder neuen Böe in den höchsten Tönen. Schietwetter? Schietegal! Sagt man hier. Denn in einer der schwimmenden Suiten im Naturhafen von Krummin spielt das Wetter nur eine Nebenrolle. Manchmal ist es sogar schöner, wenn der Wind um die Ecken heult und man es sich im Innern der kleinen Holzhäuser so richtig gemütlich machen kann. Insgesamt sechs Hausboote sind an den beiden Stegen des Hafens vertäut. Zwei von ihnen dürfen sich wegen ihrer Größe und ihrer Ausstattung sogar Suiten nennen. Sie haben eine Badewanne und eine Sauna an Board. Vom Bett aus hat man einen Rundumblick auf die stille Bucht, kann den Blesshühnern beim Tauchen zuschauen. Vom Schaukeln der Wellen sanft ins Traumland gewiegt, schlummert der Auszeitmieter hier wie ein Baby.

Wenn die Sonne lacht, ist das wohl entspannendste Fleckchen die Terrasse am Heck. Der Ausblick auf die naturbelassene Hafenbucht und die Boote, die sich im Takt der Wellen heben und senken, ist traumhaft. Ein kleines Paradies. Heben und senken, das tut die schwimmende Suite ebenfalls, wenn auch nur ganz leicht. Nicht nur Skipper lieben den Hafen von Krummin. Romantiker und alle, die sich abseits des Bädertrubels nach ein wenig Idylle und Abgeschiedenheit sehnen, trifft man hier an. Egal ob Bootseigner oder Tagesgast – im Hafen geht es herrlich unkompliziert zu. Vom Hafenmeister bis zum Service sind die Mitarbeiter tiefenentspannt. Ein Zustand, der sich schnell auf jede und jeden überträgt.

Alles findet unter freiem Himmel statt. Auch die Gastronomie. Die Hafenterrasse lädt täglich ab 11 Uhr zu kulinarischen Genüssen ein. Vom Krumminer Wiek Burger mit Usedomer Durocschwein über die Züssower Käseplatte bis zum Chutney aus der Bauerngartenmanufaktur gibt es hier Deftiges und Besonderes, das mit Liebe zubereitet wird.

TIPP
Jedes Jahr im Juli findet hier das kleine Hafenfestival mit ausgewählten Live-Musik-Acts statt.

- Schwimmende Suiten im Naturhafen Krummin, Dorfstraße 24, 17440 Krummin naturhafen.de/schwimmende-suiten
- ÖPNV: Haltestelle Krummin, 5 Minuten Fußweg

Im Land sanfter Riesen

7 Die zotteligen Kolosse vom Wisentpark Usedom

Es ist beeindruckend, wenn so ein Koloss von knapp 2 Metern Höhe in gemächlichem Schritt näher kommt, seinen Kopf mit den großen Hörnern hin und her wiegt und sein Gegenüber aus tiefbraunen Augen anschaut. Wisente sind die größten Landsäugetiere Europas. Ein ausgewachsener Bulle wiegt locker eine Tonne. Auf Usedom leben gleich sieben Tieflandwisente und ein paar Kälber in einer Herde zusammen. Natürlich nicht in freier Wildbahn, sondern im Wisentpark in Prätenow. Auf dem idyllisch angelegten Gelände können sie fast das ganze Jahr hindurch besucht und bestaunt werden. Damit die Tiere gut zu sehen und zu beobachten sind, ist die Herde tagsüber in einem 2500 Quadratmeter großen Schaugehege untergebracht. Abends darf sie sich dann im 6 Hektar großen Wald hinter dem Park verlustieren. Von einem Podest aus haben kleine und große Besucher einen freien Blick auf die kleine Herde. Ob beim gemütlichen Dösen in der Sonne oder beim säuberlichen Abknabbern der frisch servierten Zweige – die sanften Riesen können uns noch einiges in Sachen Genießen der Langsamkeit beibringen.

TIPP

Man kann täglich um 10 und um 14.30 Uhr dabei zusehen, wie die sanften Riesen gefüttert werden.

Kaum zu glauben, dass diese genügsamen Tiere noch vor ein paar Jahren kurz vor dem Aussterben standen. Aufwendigen Zuchtprogrammen, vor allem in Polen, ist es zu verdanken, dass es heute weltweit wieder knapp 6500 Wisente gibt. Auch die Usedomer Wisente entstammen einem deutsch-polnischen Projekt. Auf dem Gelände des Wildparks gibt es viel über das Leben der zotteligen Tiere zu entdecken. Ein Rundweg führt vorbei an verschiedenen Holzhütten, in denen Infos anschaulich und spannend dargestellt sind. Es gibt ein Gehege mit Damhirschen und eines mit Wildpferden. Säbelzahnkatze, Wollnashorn und Mammut – im Eiszeitpark begegnen dem Besucher auch die einstigen bereits ausgestorbenen Wegbegleiter des Wisents. Und das sogar in Lebensgröße. Für die Anlage wurde kein einziger Baum gefällt. Die hohen Fichten auf dem Gelände sind Überbleibsel einer Weihnachtsbaumplantage, um die herum der Park errichtet wurde.

- Wisentpark Usedom, Heideweg 1, 17419 Dargen/OT Prätenow
  wisentgehege-usedom.de
- ÖPNV: Haltestelle Dargen-Prätenow, 5 Minuten Fußweg

Unterm Sternenhimmel

8

Ein Konzertbesuch in der Benzer Kirche

Es ist der wohl schönste Sternenhimmel unter dem Usedomer Firmament und er passt in eine kleine, alte Kirche in der Inselmitte hinein. Während die Klänge des Bach'schen Weihnachtsoratoriums – gesungen vom Usedomer Kantatenchor – sich einmal im Jahr zur Adventszeit aufmachen, den mit Kerzen beleuchteten Raum und die Herzen der darin lauschenden Menschen für sich einzunehmen, wandert der Blick hinauf zur überwölbten Benzer Kirchendecke. Denn dort lädt ein wundervoller Sternenhimmel zum Entdecken und Träumen ein. Unzählige Sternenblumen leuchten dort auf blauem Grund. Aufgeteilt in gleichmäßige Quadrate überspannen die hölzernen Kassettenfelder den gesamten Kirchenraum. Jedes einzelne ist in immer wieder abgewandelten Details gestaltet.

TIPP

Jedes Jahr findet hier im Juli und August der Benzer Kirchensommer mit vielen Konzerten statt.

Gemalt hat die faszinierende Decke der Stettiner Hof-Dekorationsmaler Adolf Dittmer im Jahre 1909. Im Zusammenspiel mit dem schlichten Kirchensaal in Weiß- und Grautönen vermittelt die symmetrische Deckengestaltung Klarheit, Harmonie und Ruhe. Zumal das Auge sich an den Ornamenten einfach nicht sattsehen möchte. Im Jahr 2008 hatte die Kirchgemeinde beschlossen, die Decke zu restaurieren. Feuchtigkeit war durch das Holz gedrungen und hatte es aufquellen lassen. Die Farbe rieselte als „Sternenstaub" allsonntäglich vom Himmel herab. Um die gewaltigen Kosten aufbringen zu können, kamen die Benzer auf die Idee, für die einzelnen Sterne nach Paten zu suchen. Fast 10 Jahre lange hatte die Gemeinde fleißig für ihren Himmel geworben, sodass 2017 mit der Restaurierung begonnen werden konnte. Die kleine Feldsteinkirche aus dem 15. Jahrhundert ist nicht nur ein beliebter Veranstaltungsort, sie gehörte einst auch zu den Lieblingsmotiven des deutsch-amerikanischen Malers Lyonel Feininger. Seit 2019 können Besucher wieder unter dem freien und leuchtend blauen Sternenhimmel sitzen und bei den wunderbaren Klängen eines Konzertes oder ganz für sich ins Träumen geraten.

● St.-Petri-Kirche Benz, Kirchstraße 16, 17429 Benz
kirche-benz.de
● ÖPNV: Haltestelle Benz Kirche

Ehre
sei GOTT in der Höhe

Einsam stilles Inselglück

9 Die Stefanshöhe an der Krumminer Wiek

„Nach kräftezehrendem Aufstieg haben wir die rettende Bank erreicht und genossen die fantastische Aussicht.“ – So steht es im Gipfelbuch, das, an einem hölzernen Kreuz befestigt, des abenteuerlustigen Gipfelstürmers ersehntes Ziel markiert. Dass die Stefanshöhe genannte Erhebung im versteckten Naturhafen der Neeberger Bungalowsiedlung an der Krumminer Wiek gerade einmal eine Höhe von 2 Metern hat, wird angesichts des wundervollen Blicks über das Achterwasser bis hinüber zum Weißen Berg der Halbinsel Gnitz glatt zur Nebensächlichkeit. Ob Radler oder fußläufiger Insel-Entdecker – eine kleine Auszeit auf der Gipfel-Bank lohnt sich. Denn hier ist es spürbar – das einsam stille Inselglück. Das Achterwasser glitzert, als hätte jemand Diamanten darüber ausgestreut. Eine leichte Brise weht über das dichte Schilf, das die Krumminer Wiek wie ein grüner Gürtel umsäumt. Sanft wiegt es sich im Wind hin und her. Im Hafenbecken liegen eine Handvoll Boote träumend an den Stegen.

Kaum jemand kennt die kleine Achterwasser-Ausbuchtung zwischen dem Naturhafen von Krummin und dem idyllischen Fischerhafen von Neeberg. Auch vielen Insulanern ist sie kein Begriff. Ganz verborgen befindet sie sich am Ende einer Stichstraße mitten in einer Bungalowsiedlung östlich der alten Dorflage von Neeberg. Die Siedlung entstand bereits zu DDR-Zeiten. Doch erst in den 1970er-Jahren wurde die Bucht vertieft und mit Bootsanlegern versehen. Der Garten- und Landschaftsbauer Stefan Wulff aus Zinnowitz hatte sich des Hafens und seiner Zufahrt angenommen und ihn in ebenjenes Paradies verwandelt, das es heute ist. Ihm ist auch die Anlage der Stefanshöhe zu verdanken. Neben einem Spielplatz bietet der Minihafen noch ein weiteres Highlight: Der Steg, der die Hafenausfahrt flankiert, besteht aus den alten Planken der 2019 für einen Neubau abgerissenen Koserower Seebrücke. Wenn man es also ganz genau nimmt, dann besitzt die Insel hier an der Krumminer Wiek eine heimliche sechste Seebrücke.

- Stefanshöhe im Hafen an der Krumminer Wiek in Neeberg, Bungalowsiedlung 409, 17440 Krummin/OT Neeberg
- ÖPNV: Haltestelle Krummin-Neeberg

Stefanshöhe
Gipfelbuch
1974

Wo Musik Frieden schafft

10 Das Historisch-Technische Museum Peenemünde

Atemberaubend blau schimmert die Ostsee. Rügen, die Greifswalder Oie, die weite Mündung der Peene. Hier oben auf der Aussichtsplattform des Historisch-Technischen Museums in Peenemünde legt sich dem Betrachter die Welt zu Füßen. In aller Stille. Friedvoll. Trotz des Unfriedens, den dieser Ort noch vor knapp 80 Jahren über die Welt gebracht hat. Heute ist er ein anderer, ein versöhnlicher Ort. Mit jedem Meter, den der gläserne Fahrstuhl seine Insassen in die Höhe hebt, fällt sie ab, die bedrückende Atmosphäre des backsteinernen Kraftwerkes, das einst eine der größten Versuchsanstalten für Waffentechnik mit Energie versorgte. Schwer vorstellbar, dass Peenemünde, das heute knapp 340 Einwohner zählt, einmal zu den größten Orten der Insel gehörte, in dem bis zu 12.000 Menschen gearbeitet haben. In einem Forschungszentrum mit bitterem Beigeschmack. Denn von 1935 bis 1945 war Peenemünde für die Nationalsozialisten die Raketenversuchsanstalt schlechthin. Nicht ohne die Hilfe Tausender Zwangsarbeiter. Übrig geblieben sind von alldem das Kraftwerk, das Sauerstoffwerk und ein paar Bunkeranlagen.

Das Historisch-Technische Museum nimmt sich der Geschichte auf vielfältige Weise an und zeigt eindrucksvoll, wie man verantwortungsvoll mit der Aufarbeitung umgehen kann. Das Museum ist ein Ort internationaler Begegnungen und vor allem der Kultur. So dient die ehemalige Turbinenhalle des Kraftwerkes alljährlich dem Usedomer Musikfestival als Konzertkulisse. Anne Sophie Mutter, Krzysztof Penderecki, Jan Lisiecki und Kurt Masur – sie alle gaben sich in diesem außergewöhnlichen Klangraum die Ehre. Und sogar die New Yorker Philharmoniker waren bereits in der großen Halle zu Gast. Es sind Gänsehautmomente, den Tönen zu lauschen, die den Saal wie eine Welle überschwemmen, und sich bewusst zu werden, dass in diesem Augenblick die Musik über den Schrecken des Krieges triumphiert. Nirgends sonst auf der Insel fühlt man sich auf einem Dach oder in einem Konzert so beflügelt wie hier.

● Historisch-Technisches Museum Peenemünde, Im Kraftwerk, 17449 Peenemünde
museum-peenemuende.de
● ÖPNV: Haltestelle Peenemünde

Ein Korb voller Sonne

11 Ein Tag im Strandkorb bei Alex' Strandbar

Kaum aus dem Haus, beschleunigen die Füße. Süchtig nach Weite finden sie ihren Weg. Vorfreude ist ihr Antrieb über den schönsten Pfad in Richtung Loslassen. Der Blick über die Düne. Jeden Tag anders. Immer wieder neu. Mal still und klar wie ein Spiegel. Mal tanzt die Sonne auf den Wellen. Mal greifen die Wolken bis aufs Wasser hinunter. Mit jedem Schritt an strandsandbedeckten Ufern entlang liegen Freiheit und Frieden in der Luft. Hier unten am Ufersaum, an dem weiße Schaumkronenwellen sich fröhlich dem Meerliebenden zu Füßen werfen, zählt nur dieser Tag, diese Stunde, dieser Moment. Doch nicht irgendwo verbringt man am 42 Kilometer langen Sandstrand der Insel seine unbeschwerten Mußestunden. Im für Strandbesucher liebsten Strandmöbel lässt sich das süße Nichtstun am stilechtesten und entspanntesten genießen. Das geflochtene Zuhause auf Zeit ist Kult. Hineinkuscheln und die Welt einfach draußen lassen. Im Strandkorb gelingt das wie nirgends sonst. Er ist wie ein Minizuhause in 1-a-Lage direkt am Meer.

Dabei hat er schon ein betagtes Alter erreicht. Vor knapp 140 Jahren erfand der Rostocker Hof-Korbmacher Wilhelm Bartelmann den ersten seiner Art. Binnen weniger Jahre standen die Flechtwerke an allen Stränden der deutschen Küste. Auch in Wolgast wurde eine Strandkorbmanufaktur gegründet, die 1933 nach Heringsdorf umzog. Noch heute wird in zwei Heringsdorfer Manufakturen geflochten, was das Zeug hält. Einer der Orte, an dem sich das gepflegte Strandkorbsonnenbaden mit kulinarischen Extravaganzen und einer Partie Beachtennis bestens verbinden lassen, ist Alex' Strandlounge. Unter Palmen und zu ruhigen Loungeklängen bietet Strandbarbesitzer Alex vom Cocktail bis zum Fischbrötchen, aber auch vom Champagner bis zum Sushi aus dem Foodtruck Urlaubsgenüsse von bodenständig bis zur Extraklasse an. Lässig, ungezwungen, aber mit Stil. Sommergefühl bis zum Sonnenuntergang. Leicht wird die Seele an einem Tag am Meer. Frei von allem Müssen. Kopf aus, Herz an und Glückshormone tanken.

● Alex' Strandbar Heringsdorf, Liehrstraße 10 a, 17424 Heringsdorf
alex-usedom.de/die-strandbar
● ÖPNV: Haltestelle Heringsdorf Liehrstraße

19

Ein Stern am Küchenhimmel

12

Schlemmen bei Tom Wickboldt im Kulmeck

Liebe geht bekanntlich durch den Magen. Im Kulmeck stimmt das. Denn wer sich in seine Hände begibt, der schwebt schon nach dem ersten Bissen auf Wolke sieben. Wenn Kochen eine Kunst ist, ist Tom Wickboldt einer der kreativsten unter den Kochkünstlern. Seit 2021 beschert er dem Heringsdorfer Küchenhimmel alljährlich einen Stern des Guide Michelin und tischt im Kulmeck Köstlichkeiten auf, nach denen Feinschmecker und Leckermäulchen sich alle zehn Finger lecken. Dabei ist es längst nicht der erste Stern, den der Kapitänssohn aus Rostock erkocht hat. Bereits das vierte Mal beehrt er sein Restaurant mit der wertvollen Trophäe des „Guide Michelin“. Schon das Eintreten in sein Kulmeck ist Entspannung für die Augen. Klare Linien, modernes Design, hochwertige Stoffe und Farben, die miteinander spielen – beim Interieur und auf dem Teller. Bei Tom Wickboldt passt alles zusammen, ist stimmig, leger, puristisch und dennoch elegant. „Das liegt sicher an meiner Ader für Design“, gesteht er. Ursprünglich wollte er nämlich kein Koch, sondern Innenarchitekt werden. Aber sein bester Freund hatte ihm so von seiner Kochausbildung vorgeschwärmt, dass der Teenager Wickboldt kurzerhand beschloss, auch Koch zu werden. Der Ehrgeiz, immer das Beste zu geben, und das Kochtalent, das ihm sein Opa mitgegeben hat, haben ihn dorthin gebracht, wo er heute ist. Im Laufe seiner Karriere hat Tom Wickboldt in vielen Küchen gekocht, war sogar eine Zeitlang der private Tourkoch der Böhsen Onkelz. Seine Küche ist kreativ und weltoffen mit einem Schlenker ins Regionale. Mit 30 Jahren wollte er seinen ersten Stern erkocht haben. Das ist ihm gelungen. Seitdem wächst seine Michelin-Akte. Seine Vorliebe für Löffelgerichte wird auch auf der Karte des Kulmeck ersichtlich. Auf der stehen ohnehin nur wenige Gerichte, dafür aber aus sehr guten Zutaten. Der Küchenchef will begeistern – vom ersten bis zum letzten Bissen. Heute ist Tom Wickboldt heilfroh, kein Architekt geworden zu sein. Dafür kocht er einfach zu gerne für andere.

TIPP

Immer wieder sonntags: Die Sonntagsbraten von Tom Wickboldt sind mittlerweile legendär.

- Kulmeck by Tom Wickboldt, Kulmstraße 17, 17424 Heringsdorf
  kulmeck.de
- ÖPNV: Haltestelle Heringsdorf Kirche

Exklusiv einsam zweisam

13 Der Lotsenturm von Karnin

Es ist das extravaganteste Hotel der Insel, denn es besitzt nur eine einzige, kreisrunde Suite über drei Etagen. Schlank und grazil, wie die Dame eines Schachspiels, reckt der Lotsenturm von Karnin sich kerzengerade und in weißer Anmut in den Himmel, überragt mit seinen 22 Metern Häuser und Landschaft. Im Jahr 1938 gebaut, sorgte er einst dafür, dass die Boote und Schiffe, die das Stettiner Haff durchfuhren, heil die schmale Enge zwischen Festland und Insel passieren konnten. Von einem Architektenpaar 2007 ersteigert, schulte der Lotse zum Hotelier um. Aufwendig saniert und mit viel Liebe zum Interieur umgebaut, können in seinem Inneren seitdem bis zu zwei Personen besonders kuschelige Tage und vor allem romantische Nächte verbringen. Schließt man die rote Holztür hinter sich, lässt man die Welt mit all ihrer Hektik und ihrem Wirbel draußen und taucht ein in ein Miniuniversum der Ruhe und der schlichten Eleganz.
Modernes Design erwartet den Eintretenden. Bis zu 8 Meter hohe Decken geben den Träumen Raum. Ein Whirlpool im Entree ist ungewöhnlich und verspricht schon beim Ankommen entspannte Stunden. Eine Etage höher wartet ein rundes Riesenbett nur darauf, dass man daraus gar nicht wieder aufstehen möchte. Abgeschieden, hinter 50 Zentimeter dicken Mauern – kein Wunder, dass der Turm nur zu gern von Honeymoonern und solchen, die sich ebenso fühlen, gebucht wird. Ganz oben, in Etage drei, lädt ein rundes Sofa mit Tisch zum Frühstück im Liegen ein. Oder wahlweise zum Staunen über den beeindruckenden Rundblick über das Hinterland und das Haff. Hier kann man den Augen eine Auszeit gönnen, seinen Gedanken nachhängen oder einfach nur wunderbar runterkommen. Eine Küche gibt es nicht, dafür steht das Frühstück zur gewünschten Zeit vor der Tür. Denn gestört werden Turteltauben in ihrem Elfenbeinturm auf keinen Fall. In der Minibar steht der Champagner für den Sonnenuntergang de luxe. Denn solch abgeschieden annehmliche Zweisamkeit ist etwas ganz Exklusives.

- Lotsenturm Usedom, Dorfstraße 28 b, 17406 Karnin
lotsenturm-usedom.de
- ÖPNV: Haltestelle Karnin

Feingeistige Glücksgenüsse

14 Die Usedom Destillerie in Mölschow

In jedes alte Schloss oder Gutshaus gehört ein anständiger Hausgeist. Im Gutshaus in Mölschow treiben seit einer Weile gleich jede Menge feine Geister ihre hochprozentigen Kapriolen. Denn seit in das altehrwürdige Gemäuer von 1910 die Usedom Destillerie eingezogen ist, werden dort im hochglänzenden Kupferkessel Gin, Vodka, Aquavit, Bierbrand, Whisky und Rum gebrannt. Wer noch nie einen Bierbrand getrunken hat, sollte dies bei einem Besuch auf dem Ostseeeiland unbedingt nachholen. Denn der Bierbrand made auf Usedom macht glücklich. Der Inhaber der Brennerei, Joern Schnapke, hat ein Händchen für guten Stoff. Auch sein Gin ist nicht zu verachten. Liebhaber hochprozentiger Genüsse können sich seit 2023 sogar am ersten Usedom Whisky erfeuen. Der ist nach mehrjähriger Lagerzeit im spanischen Rotweinfass endlich reif für die Abfüllung.

Der Plan, auf Usedom eine Destille zu betreiben, ist für Joern Schnapke tatsächlich aus einer Schnapsidee heraus entstanden. Schon lange interessierte er sich für den feinen Geschmacksstoff mit den hohen Prozenten. Auf seinen Reisen um die Welt hat er viele Destillerien kennengelernt. In einer von ihnen kam ihm bei einem Whisky mit Freunden die Idee zu der eigenen Brennerei: „Ich wollte etwas schaffen, das ich in den Händen halten kann.“ Kurzerhand kaufte der Malchiner das leer stehende Gutshaus Mölschow und baute in die große Halle eine 400-Liter-Brennblase ein. Das Wissen zum Brennen brachte ihm einer der angesagtesten Brennmeister, Phillip Schwarz, bei. Mit ihm hat Schnapke auch das Gin-Rezept kreiert. Was dort alles drin ist, mag man kaum glauben: Wacholder, Kardamom, Pfeffer, Koriander, Arnika, Fenchel, Kamille, Ingwer … und Meeresalgen. Das Ergebnis kann sich schmecken lassen und ist fast zu schade, um es mit Tonic aufzufüllen. Seit Neuestem gibt es im Gutshaus auch ein kleines, aber feines Café. Und den Rum? Den will der Brennmeister am liebsten auf dem Segelschoner „Weiße Düne“ einmal rund um die Insel Usedom schippern lassen.

- Usedom Destillerie, Trassenheider Straße 7 a, 17449 Mölschow
usedomdestillerie.de
- ÖPNV: Haltestelle Mölschow Ort

Das geht runter wie Öl

15 Eine Mühle mit feinen Inselleckereien

Das imposante Gebäude mit den Backsteinverzierungen direkt an der Bundesstraße in der Stadt Usedom macht schon von Weitem einiges her. Es ist die einzige Mühle auf der Insel, die noch jeden Tag für den Verkauf produziert. Ein kleiner Abstecher in die Naturmanufaktur Inselmühle Usedom lohnt sich. Nicht nur, um mal einen Blick hinter die Kulissen zu werfen oder etwas über die Geschichte der Mühle zu erfahren, sondern sich am besten gleich im dazugehörigen Restaurant zu verköstigen. Schon im Mittelalter gab es an dieser Stelle eine Mühle. 1866 hatte der Müller Karl Schwarz hier eine holländische Bockwindmühle gekauft. Als die durch einen Kurzschluss abbrannte, entstand das heute noch stehende Backsteingebäude. Allerdings drehte sich bei der Inbetriebnahme 1914 auf dem Dach noch ein riesiges Windrad. In den 1950er-Jahren wurden in der Inselmühle täglich bis zu 90 Tonnen Mehl gemahlen. Zu dieser Zeit gehörte sie jedoch nicht mehr der Familie Schwarz. Die Familie wurde während der Aktion Rose enteignet und zum Wegzug gezwungen. Erst 1997 erhielten die Schwarzens ihren Besitz zurück. Die Mühle war da längst stillgelegt und das Gebäude eine Ruine.

Durch Zufall wurde das heruntergekommene Areal 2017 wiederentdeckt. Die alte Mühle wurde saniert und zu einer Ölmühle umgebaut. Es entstanden eine Schaumosterei und ein Museum, das dazu einlädt, das Müllerhandwerk kennenzulernen. Seit 2020 stellt die Inselmühle Raps- und Leinöle her und arbeitet dafür eng mit heimischen Bauern zusammen. Für die Herstellung wurden im Usedomer Winkel auf 250 Hektar sogar mühleneigene Obstplantagen angelegt. Hier wachsen 7000 Kornelkirschbäume, 6000 Aprikosenbäume, 5500 Bäume alter Mostapfelsorten und viele andere Obstsorten. Dazu kommen Sanddorn und unzählige Nuss- und Beerensträucher. Hergestellt werden daraus Säfte, Marmeladen, Aufstriche, Senfsorten, Liköre und noch viel mehr. Die fertigen Produkte können im eigenen Ladengeschäft erstanden oder direkt vor Ort verköstigt werden.

- Inselmühle Usedom, Bäderstraße 9–11, 17406 Usedom
  inselmuehle-usedom.de
- ÖPNV: Haltestelle Usedom Schule

Brände
Liköre
GRASBEIßER
aus Weizengras
20,90 €

Leinen los und Segel gesetzt

16

Mit der Weißen Düne in den Sonnenuntergang

Die dicken Taue ächzen leise, als sie von den Pollern losgelöst werden. Langsam bewegt sich die alte Dame mit ihren zwei Masten vom Steg weg und gleitet mühelos aufs Achterwasser hinaus, mitten hinein in die Abendsonne, die sich glitzernd auf die Wellen legt. Am Steuer steht Kapitänin Jane Bothe. Sie kennt jede Untiefe, jeden größeren Stein, der hier im seichten Wasser liegt. Zwar hat die Weiße Düne gerade einmal ein bisschen mehr als 1,5 Meter Tiefgang, denn sie ist ein sogenanntes Plattbodenschiff – ist also von unten betrachtet äußerst flach auf der Brust. Doch in manchen Bereichen des Usedomer Achterwassers ist selbst das noch zu tief und erfordert ein waches Kapitäninnen-Auge. „Da zeigt sich das Können des Schiffsführers", sagt Jane Bothe.

Seit sie denken könne, hat die gebürtige Berlinerin eine enge Beziehung zum Wasser, hat das Segeln auf dem Wannsee gelernt. Durch das Jugendrotkreuz ist sie auf Freizeiten viel auf Plattbodenschiffen ähnlich der Weißen Düne in den Niederlanden unterwegs gewesen. Zu ihren schönsten Kindheitserinnerungen zählen die Nächte, in denen sie mit einem Schlafsack vorne im Klüvernetz gelegen habe und das Meeresleuchten unter sich beobachten konnte. Als Kapitänin ein eigenes Schiff zu steuern, das war schon damals ihr Traumberuf.

Die Weiße Düne gehört der Familie Bothe seit 2011. Als gutmütig beschreibt die Kapitänin den Charakter ihrer mehr als 100 Jahre alten Dame. All das und vieles mehr erzählt sie beim Willkommensdrink an Bord. Wer Lust hat, kann während der Fahrt das Knotenknüpfen lernen oder sogar selbst mit Hand anlegen, wenn die Segel gesetzt werden. Den Wind in den Haaren spüren, durchatmen, ausspannen – auf der Weißen Düne ist das Gefühl von Loslassen und Freiheit ganz nah. Unter Deck gibt es eine gemütliche Lounge zum Schnacken und Genießen. Denn auf einem Törn mit Jane Bothe wird auch der Gaumen verwöhnt. Und wenn die Sonne rot glühend im Achterwasser versinkt, wird noch jeder vom Romantikfieber angesteckt.

- Weiße Düne, Büro auf der Schlossinsel, Hafenstraße 4, 17438 Wolgast
weisse-duene.com/home-2079.html
- ÖPNV: Haltestelle Wolgast Hafen, 5 Minuten Fußweg

Villa mit Glückskonzept

17 Shoppen und dinieren im Pier 14 Konzeptstore

Schon beim Eintreten wird man unweigerlich hineingezogen in eine Welt, in der die Augen übergehen vor lauter schönen Dingen. So vieles gibt es hier zu entdecken: angesagte Modelabel, stylishe Accessoires, Kosmetik- und Lifestyleprodukte, feine Weine. Und zwischen Mode und Trends lugt überall das Interieur aus alten Bädervillen hervor. Verständlich, denn der Pier 14 Konzeptstore in Zinnowitz residiert in einer der schönsten Villen des Seebades. Ursprünglich Fremdenpension, dann Ferienheim für Kinder, später Kinderheim, Lazarett, Schulküche und schließlich Diskothek – die denkmalgeschützte Villa Gruner aus dem Jahr 1897 hat eine turbulente Geschichte hinter sich. Die sieht man ihr nach einer aufwendigen und detailverliebten Restaurierung heute jedoch nicht mehr an. Das Interieur hat Stil, mondänen Stil: Stuckelemente, Art-déco-Kronleuchter aus den 1920er-Jahren, die Kasse ist sogar von 1912. Sie wurde bei der Sanierung im Keller gefunden. Die schnieken Fliesen im Bistro waren um 1900 für die Pariser Metro entworfen worden.

Doch auch die Moderne hat in diesen besonderen Shoppingtempel Einzug gehalten. So treffen im Verkaufsraum Minimalismus auf Prunk, nackter Beton auf warmes Holz und bunte Kleider. Der Pier 14 Konzeptstore ist ein Ort, an dem man sich auf Anhieb gut und wunderbar aufgehoben fühlt. Denn der Service ist locker und freundlich und hat ein Händchen für Trends und gute Looks. Und nach all dem Schauen und Shoppen? Werden im dazugehörigen Bistro bei ausgefallenen Küchenkreationen Geist und Körper wieder aufgefrischt. Ob Fleisch, Fisch, vegetarisch oder vegan – Küchenchef Andi Kühn und sein Team kochen für jeden Geschmack. Im Sommer genießt man in den dicken Lammfellen auf der großen Terrasse am besten. Im Winter lockt ein Kamin in die kuschelige Weinstube nach drinnen. Ein Besuch im Pier 14 Konzeptstore ist wie eine kleine Auszeit, bei der man das wunderbare Urlaubsgefühl anschließend sogar nach Hause mitnehmen kann.

TIPP

Kleine, feine Gourmet-Events verzaubern immer mal wieder zu verschiedenen Themen Gaumen und Augen.

- Pier 14 Konzeptstore Villa Gruner, Neue Strandstraße 36, 17454 Zinnowitz
  pier14.de
- ÖPNV: Haltestelle Zinnowitz Kurverwaltung

Süffige Schlossgeister

18 Auf ein Bier ins Wasserschloss Mellenthin

Es ist der Mittelpunkt, zwar nicht der Welt, doch immerhin der Insel Usedom. Das erzählt Schlossherr Jan Fidora den Besuchern des Wasserschlosses Mellenthin gern. Denn das Wort Mellenthin stammt aus dem Slawischen und bedeutet Mittelpunkt. Überhaupt gibt es über das altehrwürdige Gemäuer aus dem 16. Jahrhundert viele Geschichten und Legenden von so mancher Liebschaft und auch von Geheimgängen bis zum Schloss von Pudagla, in dem einst die Bernsteinhexe verhört worden sein soll, zu erzählen. Was man von alldem glauben kann, mag jede und jeder für sich entscheiden. Fest steht jedoch, dass das Renaissanceschloss mit Wassergraben und Schlosswache einer der urigsten und lauschigsten Orte der Insel ist. Umgeben von einem wunderschönen Schlosspark mit alten Bäumen wurde das Haupthaus mit dem gepflasterten Innenhof und der Freitreppe in den Garten mit viel Liebe wiederhergerichtet. Dass das Haus dabei nicht schnieke verputzt wurde, hat Charme.

Zur ursprünglichen Anlage ist 2011 eine gläserne Schlossbrauerei hinzugekommen mit glänzenden Sudkesseln aus Kupfer im urig gewölbten Gastraum. Der Schlossherr selbst hat sich in einer bekannten bayerischen Brauerei zum Bierbrauer und Mälzer ausbilden lassen und produziert seitdem feinsüffige Schlossgebräue. Neben Hellem und Dunklem gibt es je nach Lust des Brauers saisonale Spezialitäten wie Holunderbier, Sanddornbier oder Rauchbier. Sogar Whiskybier hat es schon gegeben. Eine Bierverkostung sei hier auf jeden Fall angeraten. Zusätzlich zum bodenständig gehopften Gerstenmalzgetränk beherbergt das Schloss seit Neuestem auch feine Geister. In einer hauseigenen Destille stellt Jan Fidora vom Bier- über Kaffee- bis hin zum Cannabislikör auch Hochprozentiges her. Auf Liebhaber der gerösteten Bohne warten in der Schlossrösterei dagegen besondere Kaffeesorten. Wer nach all den lukullischen Trinkgenüssen frische Luft braucht, kann sich im Schlosskräutergarten oder bei einer Floßtour über den Schlossgraben der Erholung hingeben.

- Wasserschloss Mellenthin, Schlossallee 5, 17429 Mellenthin
  wasserschloss-mellenthin.de
- ÖPNV: Haltestelle Mellenthin Wasserschloss

Wasserschloss Mellenthin
Café · Restaurant · Hotel · Waffelbäckerei · Freitreppe · Park
Brauerei
Kaffeerösterei
ner Theatersommer

Himmelstortenglücksgenuss

19 Unterm Apfelbaum im Inselcafé

Das Lachen von Ariane Flohr, der Besitzerin des Inselcafés, ist so herzlich und ansteckend, dass jeder Stress sofort von den Schultern abfällt und man eintaucht in eine idyllische Welt aus Kuchenträumen und Paradiesgartenfantasien. Denn das Gartencafé in Sauzin ist eingebettet in einen alten Obstgarten direkt an der Peene. Die reifen Äpfel, Birnen und Renekloden duften zur Reifezeit verführerisch. Ankommen, abschalten und genießen. Der Blick wandert über den Peenestrom hin zum Blauen Wunder von Wolgast, der Peenebrücke. Urig und gemütlich ist es im Cafégarten genauso wie drinnen in der liebevoll sanierten Scheune. Die Kuchen werden von der Café-Betreiberin Ariane Flohr selbst gebacken. Bis zu acht Köstlichkeiten stehen dem Leckermäulchen in der Vitrine täglich zur Auswahl. Ob Erdbeertörtchen, Pflaumenkuchen oder Apfeltorte – sie schmecken alle verführerisch. Doch unbedingt probieren sollte man die Himmelstorte mit Stachelbeeren, Sahne und Baiser. „Es gibt Tränen, wenn sie aus ist", lacht die Bäckerin.
Ein eigenes Café war lange ihr Traum. Schon als sie noch ein Schokoladengeschäft in Augsburg betrieb. Seit 2019 schwebt Ariane Flohr in selbst gebackenen Kuchenträumen. Sie ist ein absolutes Unikat und liebt es, mit den Gästen zu plaudern und ihnen genussvolle Glücksmomente zu bescheren. Doch nicht nur ihr Kuchen ist äußerst schmackhaft. Auch die Kaffeespezialitäten bringen Koffeincracks regelmäßig ins Schwärmen. Die Bohnen bezieht die Chefin von einer kleinen Familien-Rösterei in Wismar. Etwas Besonderes ist das Genießerfrühstück, das Ariane Flohr jeden Samstag und Sonntag im Inselcafé auftischt, oder die Teatime an ausgewählten Freitagen. Für beides sollte man sich anmelden. Ganz gleich, ob nach einem Spaziergang, als Zwischenstopp auf einer Radtour oder einfach nur zum Schlemmen – im Inselcafé wird Zeit zur Nebensache. Denn sich Zeit für die schönen Dinge zu nehmen, braucht keine Uhr, sondern nur ein Plätzchen unterm Apfelbaum und ein Stück süßes Glück auf dem Teller.

- Das Inselcafé, Wolgaster Straße 5, 17440 Sauzin, Tel. (01 62) 9 67 92 07
- ÖPNV: Haltestelle Wolgast Parkplatz oder Sauzin Ausbau, jeweils 15 Minuten Fußweg

Inselcafé
Est. 2019

Im siebten Kaffeehimmel

20 Der Barista mit dem sexy Milchschaum

Den besten Kaffee auf Usedom bekommen Genussfreudige nicht in einem schnieken Café serviert. Den besten Kaffee der Insel gibt's an der mobilen Espressobar von Kaffeeklaus gegenüber der Heringsdorfer Seebrücke. Der leidenschaftliche Barista lebt für das aromatische Getränk. Aber was Kaffeeklaus verkauft, ist nicht einfach nur ein heißes und munter machendes Gesöff. Er kredenzt ein ganzes Erlebnis rund um den Kaffee. Und das fängt schon bei seiner Espressobar an. Die befindet sich nämlich auf einer Ape – einem dreirädrigen italienischen Minitransporter. Das Oldschool-Vehikel hat er sich zu einer Bar mit Handhebelsiebträgermaschine, Kaffeemühle und Milchaufschäumer umbauen lassen. Er nennt sie seine Arbeitsbiene, denn das italienische Wort Ape bedeutet Biene. Dazu kommt eine bei einer kleinen Manufaktur selbst kreierte und dort auch geröstete Kaffeemischung. „Und nicht zu unterschätzen: der perfekte Milchschaum. Mir hat mal jemand ein tolles Kompliment gemacht, als er sagte, ich mache sexy Milchschaum", lacht er.

Für seinen Milchschaum hat der Perfektionist viel geübt. „Literweise habe ich Kaffee verschenkt, bis der Schaum so war, wie er sein sollte." Neben der normalen Kuhmilch bietet der Barista auch laktosefreie, Hafer- und Sojamilch an. Kaffeeklaus ist ein echter Entertainer, der es liebt, die Menschen zu unterhalten. Und genau diese Mischung aus unnachahmlich gutem Kaffee und Klaus, der die Menschen zum Lächeln bringt, ist es, weswegen man bei ihm zum Dauerwiederholungstäter wird. Die Gäste sind Klaus heilig, auch wenn er sie gern auf die Schippe nimmt. Aber das schätzen sie und natürlich den mit viel Liebe gemachten Kaffee. „Keiner geht von meiner Bar ohne ein zufriedenes Lächeln", schwärmt er. Vor allem im Sommer sind neben Klassikern wie Cappuccino oder Latte macchiato seine selbst kreierten und eisgekühlten Frappés in verschiedenen Geschmacksvarianten absolute Renner. Und wer so gar keinen Kaffee mag, für den hat Klaus auch Tee oder Chai Latte in petto.

- Espressobar von Kaffeeklaus, Delbrückstraße 3, 17424 Heringsdorf
- ÖPNV: Haltestelle Heringsdorf Seebrücke

KAFFEEKLAUS
Auf Wunsch wird Gesiezt!!!
KEO
Kaffeeklaus
Homemade
Kaffeeklaus
Mobile Kaffee-Bar
BEST
COFFEE

Melken macht munter

21 Ein Bauernhof voller Schafe und Ziegen

Sie sind flauschig, kuschelig und einfach süß – die Lämmer und Zicklein auf dem Hof von Beatrice Schulz und Paul Jahnel. Lange hatte Trixie, wie Beatrice Schulz von allen genannt wird, ihren Traum von einem Bauernhof mit Schafen, Ziegen und Kühen nur in der Freizeit geträumt. Irgendwann hat sie es aber gewagt, bei Paul Jahnel als Vollzeitbäuerin mitzuarbeiten, und ist seitdem jeden Tag glücklich darüber. In der Natur mit Tieren zu arbeiten, das ist ihres. „Wenn ich mich zu den Schafen auf die Wiese lege – unter dem Kopf ein wolliges Etwas, um mich herum lauter Schafsflausch –, bin ich selig", schwärmt sie. Dieses Wohlgefühl möchte sie gern anderen vermitteln. Also freut sie sich sehr, wenn Besucher auf den Hof finden. Auf dem Gehöft und auf den in der Nähe befindlichen Weiden leben um die 70 Schafe mit ihren Lämmern, 30 Ziegen nebst kleinen Geißlein und eine kleine Herde Jersey-Rinder. Oft zieht Trixie den Nachwuchs mit der Flasche groß. Darum sind Besucher, die beim Füttern helfen, immer willkommen. „Kinder sind hin und weg", erzählt sie. Denn einige Tiere sind zutraulich und lassen sich streicheln.

Auch beim Melken können Besucher mithelfen. Mit Blick über die weiten Wiesen des Thurbruchs ist es eine besondere Erfahrung, so ganz handfest in das Milchbauernleben reinschnuppern zu können. Ein Schaf oder eine Ziege mit der Hand zu melken, ist allerdings wesentlich anstrengender als das Melken mit der Maschine. „Zum Glück haben Schafe und Ziegen nur zwei Zitzen", lacht Trixie. Ein Schaf gibt pro Jahr etwa 300 Liter Milch. Das ist nicht viel. Aber die Milch ist sehr gesund. Einige Hotels und das Sternerestaurant Kulmeck sind mittlerweile Stammkunden des Hofes. Und auch die Besucher können die Milchspezialitäten als pure Milch oder zu Frischkäse, Käse, Joghurt, Camembert und Seife verarbeitet im kleinen Hofladen erwerben. Trixie probiert gern neue Rezepte aus. Doch ob in Öl und Chili eingelegt oder als Paneer mit Kräutern ummantelt – köstlich sind sie allesamt.

- Beatrice Schulz, Am Heidberg 1, 17429 Benz/OT Labömitz
- ÖPNV: Haltestelle Benz-Labömitz, 15 Minuten Fußweg

Weiße Dame geeist

22

Die Ahlbecker Seebrücke im Winter

„Melusine! Kraweel, Kraweel! Taubtrüber Ginst am Musenhain!" – Es sind die wohl bekanntesten Zeilen aus dem filmischen Meisterwerk „Pappa ante portas" des großen Humoristen Loriot. Und die wohl bekannteste Kulisse ebenjenes Kultklassikers befindet sich auf Usedom: die Ahlbecker Seebrücke. Sie ist das meistfotografierte Motiv der Insel, das Must-do eines jeden Besuchers und die große Liebe von Vicco von Bülow alias Loriot. Ein entfernter Urahn, Georg Bernhard von Bülow, hatte einst das Nachbarseebad Heringsdorf gegründet. Vielleicht der Anstoß für den Mimen, ganz in der Nähe, auf der Ahlbecker Seebrücke, 1991 seinen Film ausklingen zu lassen. Geschichte und Geschichten hat die Weiße Dame unzählige erlebt. Denn sie ist die älteste noch erhaltene Seebrücke Deutschlands. Im Jahre 1898 eingeweiht, bestand sie zunächst nur aus einem Open-Air-Café, das von vier Türmen flankiert wurde. Erst später wurde es überdacht und um einen Seesteg erweitert.

Auch heute beherbergt die Brücke eine Restauration. Spielte Loriots Komödie im Sommer, entfaltet die Seebrücke jedoch zu einer anderen Jahreszeit einen ganz eigenen und einzigartigen Reiz. Im Winter an die Ostsee zu fahren, ist für viele ein außergewöhnliches Erlebnis. Dann zeigt die Insel ein völlig anderes Gesicht. Bleibt die Temperatur ein paar Tage unter dem Gefrierpunkt, verwandelt sie sich in eine bizarre Eiswelt. Die halbgefrorene Ostsee hebt und senkt sich unter den alten Planken der Seebrücke behäbig auf und ab, knirscht und knistert wie Brause. Das hölzerne Geländer ist mit einer dicken Eisschicht bedeckt. Zacken stehen vom eisigen Nordost geformt davon ab. Surreal der Blick auf den Zapfenbart, der von den Betonpfeilern bis fast auf die zugefrorene See hinunterreicht. Eine erstarrte Welt in tiefstem Weiß und Hellblau. Klirrend kalt und wunderschön. Die Hände tief in die daunengefütterten Taschen versenkt, stehen die Spaziergänger auf dem Steg und staunen. Es ist ein Abenteuer, die Brücke bei klirrender Kälte zu besuchen.

- Seebrücke Ahlbeck, Dünenstraße 37, 17419 Seebad Ahlbeck
- ÖPNV: Haltestelle Ahlbeck Kaiserstraße, 6 Minuten Fußweg

Himmlischer Glücksrausch

23 Inselausblick aus luftiger Höhe

Knapp 4000 Meter über der Erde. Den Wolken näher als dem Meer. Die Beine baumeln aus der offenen Flugzeugtür. Das Adrenalin schießt im Sekundentakt Salven durch den Körper. Es kribbelt unter der Haut, im Magen, im Kopf. Das eigene Leben hängt an seidenen Fäden, dem Tandemmaster übergeben, damit er es sicher wieder auf die Erde zurückbringt. Herzklopfen bis zum Hals. Kopf aus. Augen zu. Und mit 200 Sachen der Insel entgegen. Der freie Fall nimmt buchstäblich den Atem. Die Insel ist so klein, als könnten darauf keine zehn Menschen stehen. Aber sie wird mit jeder Sekunde größer. Aufregung und Lebensfreude mischen sich in den Adern zu einem übersprudelnden Endorphin-Cocktail. Wie im Glücksrausch ist das euphorische Grinsen vom Gegenwind ins Gesicht gemeißelt. Die Freiheit über den Wolken ist tatsächlich grenzenlos. Als der Fallschirm sich öffnet, scheint die Zeit stillzustehen. Es ist, als hielte sie den Atem an für die Schönheit, die sich zu Füßen legt. Der Blick über die Insel ist großartig. Das Achterland mit seinen Buchten, das glitzernde Haff, die weiße Linie des Strandes. Dahinter das Ostseeblau bis an den gekrümmten Horizont. Viel zu schnell kommt der feste Boden näher. Der Wunsch, der Augenblick möge bis in alle Ewigkeit verweilen, bleibt unerfüllt. Doch der Blick zurück in den Himmel wird von nun an ein anderer sein.

Einmal im Jahr wird das besondere Glückserlebnis für alle möglich, die vom Adrenalinkick begleitet die Insel einmal von oben betrachten wollen. Der Usedom Boogie ist das Fallschirmsprungevent auf Usedom und das größte innerhalb von Deutschland. Alljährlich kommen Mitte Juli knapp 150 Höhenrauschverrückte auf den Heringsdorfer Flughafen, um zehn Tage lang gemeinsam aus allen Wolken zu fallen. Viele von ihnen trainieren hier sogar Formationssprünge für die Weltmeisterschaft. Der Usedom Boogie lädt aber auch all jene zu Tandemsprüngen ein, die selbst einmal springen wollen. Sind Wind und Wetter günstig, finden die Landungen am Strand statt.

● Usedom Boogie, Am Flughafen 1, 17419 Zirchow
skydive-mv.de
● ÖPNV: Haltestelle Zirchow Hangar, 10 Minuten Fußweg

Rot behütet

24 Das Theaterzelt Chapeau Rouge

Wenn die Lichter an den Wänden langsam gedimmt werden und der rote Vorhang aufgeht, dann wird die Bühne zur Welt und man selbst ganz unweigerlich zum Beobachter der Schöpfungen kreativer Fantasten. Die Bretter, die die Welt bedeuten, sind immer ein ganz besonderer Ort, an dem es nach Schminke und Parfum riecht und an dem man das Lampenfieber der Akteure und die Spannung der Zuschauer gleichermaßen in der Luft knistern spüren kann. In Heringsdorf auf Usedom werden ebenjene Bretter von einem gewaltigen roten Hut gekrönt. Jedes Jahr im Frühling wird gleich hinter der Düne ein großes rotes Theaterzelt aufgebaut: das Chapeau Rouge. Und hier – unter den Fittichen der 500 Quadratmeter großen Zeltplane – spielt in den Sommermonaten fast täglich die Musik oder es wird jede Menge Theater gemacht.
Seit 1993 beherbergt das für Theaterproduktionen konzipierte Zelt mit den roten Samtvorhängen und den kleinen, runden Cocktailtischen, an denen 200 Zuschauer Platz finden, die Vorpommersche Landesbühne. Ein kleines Vorzelt ist zuweilen Schauplatz von Puppenspielen und erfreut als Bar in den Pausen vom Popcorn bis zum Sekt auch die Mägen der Zuschauer. Was anfangs ein Experiment war, kam an und ist mittlerweile Kult. So gibt es, begleitet vom Meeresrauschen und dem Geschrei der Möwen, jedes Jahr ein neues, bunt gemischtes Programm aus Drama, Komödie und Kabarett. Ob Hamlet oder Cyrano de Bergerac – große Helden geben sich im Theaterzelt gern die Ehre. Und auch Dornröschen oder Rumpelstilzchen schauen für das Leuchten der Kinderaugen immer wieder vorbei. Lesungen bekannter Schriftsteller wie Wladimir Kaminer und Timur Vermes stehen ebenso auf dem Spielplan wie kleine, aber feine Konzerte. „Bühne frei“ heißt es im Chapeau Rouge auch für Gastspiele verschiedener Kabarettbühnen wie der Leipziger Pfeffermühle oder der provokant politischen Dresdner Herkuleskeule. Und bei allen Vorstellungen ist sie zu spüren, diese ganz eigene Atmosphäre, die es nur in einem großen Zelt gibt.

- Chapeau Rouge, Strandpromenade, 17424 Heringsdorf
vorpommersche-landesbuehne.de/chapeau-rouge
- ÖPNV: Haltestelle Heringsdorf Delbrückstraße

6
5

Auf dem Weg zum Glück

25 Pilgern auf der Via Baltica

Das Pilgern ist des Glücksuchenden Lust. Denn Pilgern ist eine wunderbare Möglichkeit, die Welt einmal ganz bewusst wahrzunehmen und dabei das Glück in sich zu finden. Einer der schönsten Pilgerwege ist die Via Baltica. Sie beginnt im estnischen Tallinn und verläuft knapp 40 Kilometer auch über Usedom. Wer sich aufmacht, sie zu pilgern, auf den warten malerische Dörfer, unberührte Natur, weite Felder, stille Wälder und wundervolle Ausblicke. Auf einer kleinen Holzbrücke gleich hinter der deutsch-polnische Grenze bei Garz beginnt sie und führt geradewegs zum Golm, der mit 69 Metern höchsten Erhebung der Insel. Doch wahrhaft bergig wird die Via Baltica nicht. Das kleine Fischerdorf Kamminke streift die Route zwar nur, aber ein Abstecher zum Hafen mit den alten Holzkuttern lohnt sich. Über weite Felder geht es von dort bis zur Zirchower Kirche St. Jakobus – einem der Lieblingsmotive des Malers Lyonel Feininger. Wundervolle Aussichten auf die sanften Hügel des Hinterlandes gewährt die Strecke über Prätenow bis nach Stolpe.

Am Wegrand verführen kulinarische Zwischenstopps wie das „Vergiss Dein Nicht" in Prätenow oder die „Remise" vis-à-vis des Stolper Schlosses zum Genießen und Auftanken. Durch den Usedomer Forst gelangt der Pilger bis nach Usedom, der Stadt, die der Insel ihren Namen gab. Die gotische, aus Backsteinen erbaute Marienkirche ist schon von Weitem zu sehen. Die verwinkelten Gassen muten an, als würde man durch eine längst vergangene Zeit wandern. Der Weg auf dem Deich von Westklüne bis nach Karnin offeriert wundervolle Ausblicke auf die Schilfbuchten des Haffs, in denen vereinzelt Boote vor Anker liegen. In der Luft kreisen Adler. Und ganz weit hinten erhebt sich ein eiserner Koloss in den Himmel. Die Karniner Hubbrücke hat bis 1945 das Festland mit der Insel verbunden. Von hier aus ist es nicht mehr weit bis zur Zecheriner Brücke, dem Ende der Via Baltica auf Usedom. Ab hier verläuft der Pilgerweg auf dem Festland bis nach Lübeck weiter.

- Via Baltica, jakobswege-europa.de/wege/via-baltica.htm
- ÖPNV: Zahlreiche Haltestellen entlang der Via Baltica

Pilgerweg

Schiff ahoi

26 Ein Wohnschiff mit Sonnenuntergangsblick

Auf den Wiesen, die von der Anhöhe hinunter zum Wasser führen, grasen Pferde in der Sonne. Das Schilf, das wie ein breiter grüner Gürtel den Übergang zum Achterwasser markiert, wiegt sich leicht hin und her. Hoch über den Köpfen ist der Ruf eines Seeadlers zu hören, der nach Beute Ausschau haltend seine Kreise zieht. Versteckt, ja, fast ganz aus der Welt. Dieses Fleckchen Erde hinter dem Ort Pudagla befindet sich wirklich mitten in der Natur, weit ab von jedem Trubel.

Wer das Einfache liebt, die Ruhe sucht und neue Energie tanken möchte, ist in diesem außergewöhnlichen Feriendomizil, einem alten Fischkutter direkt am Achterwasser, bestens aufgehoben. Die Besitzer, die Familie Fischer, haben das urige Holzschiff aufs Land gesetzt und das Innenleben mit viel Liebe zu einem Wohnschiff für Romantiker umgebaut. Zwei Personen haben darauf genügend Platz zum Ausschlafen, Ausspannen und Ausschauen. Denn einen Ausblick bietet der Kutter, der idyllischer und paradiesischer nicht sein könnte. Ob morgens, wenn das Achterwasser noch ganz still daliegt, oder abends, wenn die Sonne in allen Rot- und Orangetönen die Wasseroberfläche küsst – die Stille dieses Ortes legt sich wie eine wärmende Decke auf die Seele. Mit wie wenig das Herz glücklich und zufrieden sein kann! Das Innere des Kutters spiegelt das Äußere wider, ist einfach und rustikal. Doch es ist alles da, was Mann und Frau für genussvolle und entspannte Mußestunden brauchen: Ein Wohnraum, ein Schlafraum, eine voll ausgestattete Kombüse, ein Bad. Auf dem Grundstück gibt es einen Grillplatz, sodass auch dem urwüchsigen Outdoor-Kochvergnügen nichts im Wege steht. Back to nature – hier kann es intensiv gelebt werden. Wer sich traut, klettert bis hinauf auf den Mast und genießt die Rundumsicht auf das Achterwasser mit seinen vielen Buchten und das Usedomer Hinterland. Der beste Tipp für eine Auszeit auf einem Wohnschiff wie diesem? Handy aus, alles Müssen loslassen und sich einmal wieder Zeit zum Träumen nehmen.

- Wohnschiff, Am Achterwasser 1, 17429 Pudagla
  feriensiedlung-am-achterwasser.de/wohnschiff/
- ÖPNV: Haltestelle Pudagla Bockwindmühle, 20 Minuten Fußweg

Die Fähre ins Glück

27 Einmal um den Usedomer See herum

Knallrot leuchtet die Klappbrücke im Usedomer Stadthafen vor dem wolkenlos blauen Himmel. Sie ist das Wahrzeichen der 2019 eröffneten Marina. Hier startet der Spaziergang um den Usedomer See mit idyllischen Weit- und Ausblicken und einem besonderen Glücksort auf einem Ruderboot. Der See ist eine Ausbuchtung des Stettiner Haffs; mit diesem durch einen knapp 50 Meter breiten Zulauf verbunden, die Kehle. Über die Klappbrücke, an den Bootsanlegern vorbei, geht's auf die andere Uferseite. Von hier aus schlängelt sich der Weg in sanften Wellen durch den Wald bis zu den Drei-Kaiser-Eichen an der Straße nach Welzin. Dort gibt es eine Käserei, die wunderbare Milchprodukte herstellt. Beim Blick über die Wiesen und den glitzernden See zum Kirchturm der Usedomer Marienkirche könnte man vor Schwärmerei glatt das Weiterwandern vergessen.

Im Sommer wird die Straße von unzähligen Mohn- und Kornblumen flankiert. Nur vereinzelt kommt man an Gehöften vorbei. Ansonsten ist man mit sich und der Natur allein. Nach einer Weile entdeckt man weiße Segel, die wie von Zauberhand den Weg zu kreuzen scheinen. Doch schon nach kurzer Zeit steht man an erwähnter Kehle, der schmalen Verbindung zwischen Haff und See. Hier warten Karla und Arko darauf, den Wanderfreudigen von Ost- nach Westklüne überzusetzen. Die beiden Ruderboote gehören dem Fährmann, einem urigen Pommern, der seine Gäste mit trockenem Humor und Muskelkraft auf die andere Seite bringt. Einfach anklingeln. Die Nummer hängt neben dem Anleger. Das Grinsen wird breit, während man mitten auf dem Strom auf das weite Haff hinausschaut. Jetzt könnte die Zeit stehen bleiben. Doch viel zu schnell hat man wieder festen Boden unter sich. Gleich hinter Westklüne führt der Weg mitten durch die Felder zurück nach Usedom. Ein Maler hätte die Stadtsilhouette nicht schöner auf die Leinwand bringen können. Usedom mit seinen verwinkelten Gassen war schon im 13. Jahrhundert eine Residenz der Pommernherzöge. Nun ist es das Ziel der kleinen Glückswanderung.

● Usedomer-See-Zentrum, Hafen, 17406 Usedom
usedomer-see-zentrum.de
● ÖPNV: Haltestelle Usedom Geschwister-Scholl-Straße, 10 Minuten Fußweg

Eine Kirche im Walde

28 Ostseeblick vom Heringsdorfer Kirchdach

Er ist der lichtdurchflutetste und angenehmste Ort an einem heißen Sommerabend in Heringsdorf. Angenehm, weil er so wunderbar kühl und so wunderbar idyllisch ist. Wandelhalle nennt man diesen Ort, der unmittelbar zur Heringsdorfer Kirche oben auf dem Kulm gehört. Die dicken Mauern und Pfeiler aus Backstein halten die Hitze draußen, ebenso den Trubel vom knapp 30 Meter tiefer gelegenen, quirligen Badeort. Die weiten neugotischen Arkaden bieten einen herrlichen Blick ins Grüne. Sich einfach auf eine der Bänke an der Wand setzen und dem Zwitschern der Vögel hoch oben in den alten Buchen lauschen ist, als käme man an – an einem Ort der Ruhe und des Friedens, wo Sinne und Seele aufatmen. Die rote Backsteinkirche im Wald ist etwas Besonderes. Sie wurde 1848 nach Plänen des Königlichen Hofbaurates Ludwig Persius errichtet, einem Schüler des berühmten Berliner Architekten Karl Friedrich Schinkel.

Nicht nur die Wandelhalle ist in Pommern einzigartig, auch der schmale Glockenturm ist ungewöhnlich für nordische Gefilde, erinnert er doch eher an die filigranen Campanile in Italien. Der Innenraum wird von einer hölzernen Empore gerahmt. Sehenswert sind die Buntglasfenster mit biblischen Szenen und die Holzfigur von Martin Luther im Chor. Sie wurde nach dem Krieg von Flüchtlingen aus der Swinemünder Christuskirche nach Heringsdorf gebracht. Ungewöhnlich ist der Davidstern in der Kirchenuhr am Ostgiebel. An den Wänden der Kirche lädt ein mit Fotografien bebildertes Vaterunser zur Meditation ein. Für Kinder gibt es an verschiedenen Stationen die Möglichkeit, sich auszuprobieren. Doch hält die Kirche noch einen außergewöhnlichen Verweilort vor, an dem Ausblick und Weitblick in wundervollem Einklang stehen. Ganz oben auf dem kupfernen Flachdach der Seitenschiffe reicht das Auge bis an den Horizont. Die Pyramide der Heringsdorfer Seebrücke wirkt wie ein Kinderspielzeug und die Welt erscheint plötzlich weit weg. Hier oben legt sich in Ruhe ab, was sonst zur Eile antreibt.

TIPP

Von Klassik bis Jazz – im Sommer finden in der Kirche jede Woche Konzerte statt.

- Kirche im Walde, Rudolf-Breitscheid-Straße 7, 17424 Heringsdorf
  kirche-auf-usedom.de
- ÖPNV: Haltestelle Heringsdorf Kirche

Die Kunst des Brennens

29 Zu Besuch in der Töpferwerkstatt Tonwerk

Es ist mollig warm in dem feuerwehrroten Haus hinter dem Zirowberg in Korswandt. Es riecht nach Holzfeuer. Der große Mann mit den wachen, verschmitzten Augen, der an der Werkbank steht, greift sich ein Stück Ton, walzt es mit kräftigen Schwüngen aus, formt und modelliert es. Und ganz allmählich wird unter der Arbeit seiner Hände der Zylinder einer Vase erkennbar. „Als Steuerberater jeden Tag in einem Büro zu sitzen, war für mich schrecklich", gesteht er. Wie gut, dass Daniel Graf diesen Job aufgab und Töpfer wurde. Seit nunmehr 27 Jahren ist der gebürtige Schweizer Keramiker, seit 17 Jahren ist das Tonwerk in Korswandt seine Werkstatt.

Anders als die meisten Töpfer stellt Daniel Graf jedoch nur selten die typischen Gebrauchskeramiken wie Teetassen oder Müslischalen her. Denn der Kunsthandwerker arbeitet nicht mit der Drehscheibe. Alle seine Vasen, Plastiken und Kunstobjekte hat er mit der Hand modelliert. Daniel Graf probiert gern Neues aus und nutzt oft unkonventionelle Hilfsmittel für seine Arbeit. Auf nur eine Brenntechnik will er sich nicht festlegen. Außer in seinem Töpferofen stellt er auch Objekte unter freiem Himmel in einem japanischen Raku-Ofen her, der bis zu 1000 Grad Celsius heiß werden kann. Nach dem Brennen nimmt er die glühend heißen Keramiken mit einer langen Zange heraus und vergräbt sie luftdicht in einer Tonne mit Laub und Sägespänen. Wenn er sie anschließend zum Abkühlen in ein Wasserbad taucht, platzt die Glasur auf. So entsteht der Craquelé genannte Effekt, der zu seinem Markenzeichen geworden ist. In seiner Werkstatt, auf seinem Hof und in seinem urig verwunschenen Garten gibt es in jeder Ecke etwas zu entdecken. Neben den Keramiken fallen zahlreiche Metallskulpturen ins Auge, denn der vielseitig begabte Künstler erschafft auch Objekte aus Schrott. „Ich war früher vom Schweizer Künstler Jean Tinguely fasziniert", erzählt er. Er freut sich, wenn jemand bei ihm vorbeischaut und mit neugierigem Herzen durch seinen Garten streift.

TIPP

Immer zu Pfingsten lädt er mit befreundeten Keramikern zum KunstOffen-Event in seine Werkstatt ein.

● Tonwerk Keramik, Bergstraße 11, 17419 Korswandt
tonwerk-keramik.de
● ÖPNV: Haltestelle Korswandt

Klein, aber fein

30 Hier werden Fototräume wahr

Sie ist gerade einmal 40 Quadratmeter groß und trotzdem ist die Galerie usedomfotos der Spot für alle, die die Inselfotografie lieben. Die wunderschöne Landschaft und das außergewöhnliche Licht legen es geradezu darauf an, fotografiert zu werden. Kein Wunder also, dass es auf Usedom viele Fotografen gibt. Und jeder von ihnen hat seinen ganz eigenen Stil. Für den Austausch untereinander hatte der fotoverrückte Matthias Gründling 2012 die Facebook-Gruppe usedomfotos ins Leben gerufen. Auch im wirklichen Leben hatte sich die Gruppe zu Shootings getroffen. Eine gemeinsame Ausstellung und das Umweltfotofestival Horizonte in Zingst auf dem Darß brachten den leidenschaftlichen Fotografen Gründling schließlich auf die Idee einer Usedomer Foto-Galerie. „So etwas gab es hier zu dieser Zeit noch nicht. Dabei ist die ganze Insel voller Kunst. Voller Motive. Und voller Fotografen", erzählt der Kamerafan, der eigentlich von Beruf Narkosearzt an der Uniklinik Greifswald ist.

Schon mit 11 Jahren experimentierte der gebürtige Zinnowitzer gern mit der Kamera seines Vaters. Auch nach dem Studium und während seiner Tätigkeit als Arzt hat ihn die Fotografie nicht losgelassen. Mit der Galerie hat er sich einen Traum erfüllt. 2013 eröffnete er mit der Ausstellung „Inselträume", bei der er etwa 20 Aufnahmen von Usedomer Fotografen präsentierte. Seitdem zeigt er zwei bis drei Expositionen pro Jahr. Dabei setzt Matthias Gründling immer neue Akzente, bietet unterschiedlichen Sujets eine Plattform. Die letzten Fischer von Usedom sind für ihn ein ebenso spannendes Thema wie die Gestische Fotografie. Einmal im Jahr holt er sich zudem einen inselexternen Gast in die kleine, aber feine Galerie auf den Zinnowitzer Kirchberg. Übrigens hat der Anästhesist das gesamte Interieur selbst hergestellt. Vom hölzernen Steg, der durch die Galerie führt, über das Strandgut, das von allen Stränden Europas stammt, bis hin zur Beleuchtung. Ein urig lauschiger Ort, der Wundervolles für die Augen bietet.

- Galerie usedomfotos, Kirchstraße 4, 17454 Zinnowitz
usedomfotos.de/galerie/
- ÖPNV: Haltestelle Zinnowitz Kurverwaltung, 10 Minuten Fußweg

60.7212° N, 135.0568° W
WHITEHORSE, YUKON

Von Riesen bewacht

31 Die älteste Kirche der Insel in Liepe

Die dichten Kronen der uralten Linden spenden dem Ankommenden kühlen Schatten. Wie ein Spalier säumen sie den Aufgang vom Eingangstor bis zum hölzernen Glockenstuhl, der statt hoch oben auf dem Kirchendach gleich neben dem Gotteshauseingang auf die Gläubigen wartet. Die kleine Kirche von Liepe, die dem Evangelisten Johannes geweiht ist, ist die älteste urkundlich bezeugte Kirche der Insel. Sie wurde bereits 1216 erwähnt. Damals gehörte sie zum Nachbarkloster Grobe in Usedom. Leider ist das ursprüngliche Gotteshaus nicht mehr erhalten. Das heutige Gebäude aus Feld- und Backsteinen wurde auf den alten Fundamenten im 15. Jahrhundert errichtet. Im Jahre 1792 stürzte plötzlich – zum Glück erst nach dem Gottesdienst – das Dach ein. Der komplette Dachstuhl und die Inneneinrichtung mussten daraufhin erneuert werden. Um die Menschen allsonntäglich an den Gottesdienstbesuch zu erinnern, steht ein kleiner, mit Reet gedeckter Holzständer mit zwei Glocken darin direkt neben dem Westeingang.

Im Inneren ist die kleine Kirche recht schlicht. An der Nord- und Südwand wechseln sich Spitzbogenfenster mit Spitzbogenblenden ab. Hölzerne Ständer untergliedern den einheitlichen Innenraum in drei Schiffe. Die Wand hinter dem Altar ist mit spätmittelalterlichen Wandmalereien geschmückt. Wer sich hier in eine der Bänke setzt, hat einen wunderschönen Blick auf den Kanzelaltar. Solch ein Altar, bei dem der Pastor mitten aus dem Allerheiligsten heraus predigt, ist nichts Alltägliches in einer Kirche und auf Usedom sogar einzigartig. Die Orgel wurde vom bekanntesten Orgelbauer Pommerns, Barnim Grüneberg, gebaut. Das eigentlich Besondere jedoch befindet sich draußen auf dem ehemaligen Friedhof, der die Kirche umgibt. Auf ihm sind Skulpturen von Künstlern wie dem Dresdner Bildhauer Peter Makolies ausgestellt. Seine überlebensgroßen Köpfe, die er aus Findlingen gehauen hat, muten wie schlafende steinerne Riesen an. In ihrer Gegenwart ist es wunderbar erholsam, der Ruhe dieses Ortes zu lauschen.

- Evangelische Kirche St. Johannes, Triftstraße 5, 17406 Rankwitz/OT Liepe
kirche-auf-usedom.de/kirchen/evangelische-kirche-liepe
- ÖPNV: Haltestelle Rankwitz-Liepe

Vom Tuckern alter Kutter

32 Sonnenaufgang bei den Fischern in Ahlbeck

Es ist der schönste Moment des Tages, wenn die Sonne aus der Ostsee steigt und mit ihren Strahlen die Welt in samtenes Gold hüllt. Fast menschenleer ist es um diese frühe Stunde unten am Ufersaum gleich neben der altehrwürdigen Seebrücke von Ahlbeck. Nur ab und an schwappen träge ein paar verschlafene Wellen an die Füße. Es ist ein besonderer Augenblick – zeitlos, magisch und glückserfüllend.

Ein paar Meter entfernt liegen die alten Holzkutter der Fischer mit ihren kantigen Ruderhäuschen wie in tiefen Schlaf versunken, als träumten sie von längst vergangenen Zeiten. Seit vielen Generationen gehören sie zum vertrauten Bild der Insel. Früher waren es unzählige ihrer Art, die in aller Herrgottsfrühe darauf warteten, dass die Fischer mit ihnen hinausfuhren, um die Netze mit den roten Fähnchen einzuholen. Randvoll waren ihre Bäuche einst mit dem Silber der Ostsee gefüllt: dem Hering. Leise trägt der Wind das Tuckern eines Motors übers Wasser.

Auch heute kommen die Fischer noch immer frühmorgens von ihren nächtlichen Ausfahrten zurück. Je näher das Holzboot kommt, umso lauter wird das Kreischen und Zetern der Möwen, die sich um jeden Happen Fisch streiten. Bis fast auf den Strand schafft es der Kutter. Denn er hat kaum Tiefgang. Den Rest besorgt der uralte Trekker, der schon auf ihn gewartet hat. Mit ordentlich Kraft greifen die riesigen Reifen in den aufgeweichten Sand und ziehen das Boot rücklings aus dem Wasser. Während die Alten in ihrem Ölzeug und ihren dicken Troyern mit dem Auspuhlen der Netze beginnen, kann man ihren Geschichten lauschen und ihrer Traurigkeit über das baldige Ende ihres Traditionsberufs. Denn Überfischung, Fangquoten und Fischimporte gefährden die Existenz ihres Standes. Wenn sie beim Erzählen jedoch das Früher lebendig werden lassen, beginnen die Augen der wettergegerbten Männer zu leuchten. Die Bollerwagen, in denen sich die Netze türmen, glitzern silbern von den Fischschuppen und aus den alten Buden in den Dünen duftet es nach Räucherfisch.

- Die Fischkutter von Ahlbeck, Strand hinter der Alten Fischhalle, Strandpromenade, 17419 Seebad Ahlbeck
- ÖPNV: Haltestelle Ahlbeck Kochstraße

Ein Café mit Herz

33 Im Märchengarten Vergiss Dein nicht

Einfach mal raus aus der Welt sein, sich in einem idyllischen Ambiente mit feinen Kuchen verwöhnen lassen und die Zeit Zeit sein lassen. Das Vergiss Dein nicht ganz in der Nähe des Wisent-Geheges von Prätenow ist eines dieser urgemütlichen Paradiese, aus denen man am liebsten gar nicht wieder wegwill. Versteckt im Usedomer Achterland, am Rande der Mellenthiner Heide, ist das kleine, idyllische Gartencafé ein Märchengarten mit wild blühenden Pflanzen, kleinen Separees und einem Teich, auf dem sich die Enten in der Nachmittagssonne über den neuesten Inselklatsch austauschen. Von Trubel oder Hektik ist hier nichts zu spüren. Alles geht etwas gemütlicher und gemächlicher zu. Schließt man die Augen, sind nur die Klänge der Natur zu vernehmen: Entenschnattern, Bienensummen, Froschquaken und das Rauschen des Windes in den hohen Bäumen. Von der Caféscheune wehen leise Saxophonklänge eines Musikers an die Tische. Ein Café mit Herz und einer Liebeslaube.

Die Kuchen und Torten sind nach alten Familienrezepten von der Hausherrin Ursula Rösener selbst gebacken. Steht man vor dem gläsernen Vitrinenschrank, fällt die Auswahl schwer. Denn jeder der Kuchen im Angebot sieht einfach köstlich aus. Und schmeckt auch genauso. Wenn sie nicht schon gegessen wurde – denn sie ist sehr gefragt –, unbedingt die Erdbeertorte mit Vanille-Pudding und Schokoeinlage probieren. Zum Niederknien lecker. Auch die herzhaft deftigen Köstlichkeiten werden hier mit viel Liebe zubereitet und erblühen oftmals beim Servieren. Denn so manch essbare Blüte aus dem hauseigenen Garten landet auf dem Rührei oder der Tagessuppe. Das ist nicht nur etwas Besonderes für den Gaumen. Auch das Auge kann sich daran sattsehen. Ist es sehr heiß, empfiehlt die Cafébetreiberin ihren Gästen eine Eisschokolade oder einen Eiskaffee. Ab und an finden kleine Veranstaltungen wie Lesungen oder Livemusik statt. Und wer gerne nach einem Mitbringsel schmökert, findet in der Caféscheune das eine oder andere Accessoire.

- Gartencafé Vergiss Dein nicht, Stolper Straße 1, 17419 Dargen/OT Prätenow cafe-vergiss-dein-nicht.de
- ÖPNV: Haltestelle Dargen-Prätenow

Da ist Musik drin

34 Ein Abend beim kleinen Hafenfestival Krummin

Die Stimme, die aus dem Lautsprecher kommt, schleicht sich samtweich direkt bis in die Seele. Die Gesichter an den Tischen mit den weißen Hussen lächeln, während ihre Köpfe zur Melodie mitwippen. Das Klappern der Stahlseile an den Masten der Segelboote gibt dem Sommerabend einen maritimen Rhythmus. Jedes Jahr im Juli verwandelt sich der Naturhafen von Krummin in einen Ort mit einer ganz besonderen Atmosphäre, an dem Musik und Genuss auf entspannte Menschen treffen. Das kleine Hafenfestival von Krummin ist anders als die großen Seebrückenfeste an der Ostseeküste und vielleicht gerade deshalb so schön. Die Veranstalter setzen hier nicht auf Volksfestrummel, sondern auf eine intime und entspannte Atmosphäre, bei der man als Gast die Liebe zum Detail und zu den kulinarischen Angeboten spüren kann. Hier gibt es keine Budenmeile, sondern selbst gemachte Köstlichkeiten vom Grill und aus dem Topf. Der Pommersche Kartoffelsalat ist zum Dahinschmelzen und die Cocktails sind mit Herz gemacht und serviert.

Jedes Jahr finden sich abends ausgewählte, oftmals auch bekannte Singer-Songwriter und Bands zu Konzerten ein, die es verstehen, das Publikum von Folk über Indie bis Pop zu begeistern und zu verzaubern. Während die Sonne hinter der Krumminer Wieck – der kleinen Hafenbucht – untergeht, schlendern die Festivalbesucher gemütlich über die Holzstege der kleinen Marina an den Seglern, Motoryachten und Hausbooten vorbei, plaudern bei einem Glas Wein und lassen es sich gut gehen. Der Blick zum idyllisch beleuchteten Hafen ist traumhaft. Leise weht die abendliche Brise Musikfetzen von der Open-Air-Bühne herüber. Die eingehenden Melodien ziehen zurück an Land. Entspannt in einem Liegestuhl sitzend oder tanzend vor der Bühne mit dem durchsichtigen Dach, in der Hand ein erfrischendes Getränk – so lässt es sich an einem Sommerabend wie diesem wunderbar aushalten.

● Kleines Hafenfestival Krummin, Dorfstraße 24, 17440 Krummin
naturhafen.de/kleines-hafenfestival
● ÖPNV: Haltestelle Krummin, 5 Minuten Fußweg

Gesundes Krautvergnügen

35 Im Garten der Kräuterfrau Ina Schirmer

Mitten im Wald der Mellenthiner Heide gibt es einen Garten, der so verwunschen ist, dass er wie aus einem Märchen entsprungen scheint. Er ist voller wild blühender Pflanzen, die aromatisch duften, wenn man die kleinen Trampelpfade entlang an ihnen vorbeigeht. Hier wohnt die Kräuterfrau Ina Schirmer. Sie lädt gern Besucher zu einem Wildkräuterseminar in ihr kleines Paradies ein, um ihnen etwas über die Heilkraft der Pflanzen und ihren wohlschmeckenden Nutzen in der Küche zu erzählen. An der Eingangspforte steht ein Tisch. Er ist gedeckt mit wunderbaren Köstlichkeiten – Brennnesselchips, selbst gemachter Kräuterquark, ein Salat mit Wildkräutern und essbaren Blüten. Am liebsten möchte man sich all das sogleich schmecken lassen.

Doch bevor es ans Verkosten geht, leitet Ina Schirmer ihre Gäste galant daran vorbei in den Garten. Überall summt es. Denn in der Frühjahrs- und Sommerzeit stehen viele Kräuter in voller Blüte. „Dann haben sie die meiste Kraft", erklärt die Fachfrau. Schafgarbe, Löwenzahn, Brennnessel – sie alle sind typische Kräuter, die man auf Usedom überall findet und die nicht nur eine Heilwirkung haben. „Als Salat oder im Essen sind sie so schmackhaft, dass auch Gourmetrestaurants bei mir bestellen." Die Besucher erfahren etwas über die unterschiedlichen Wirkkräfte, was man als Küchengewürz oder besser als Heilmittel verwenden kann. In ihrem Garten baut Ina Schirmer bis zu 70 verschiedene Kräuter an – von den heimischen Bekannten bis zum chinesischen Jiaogulan, dem Kraut der Unsterblichkeit. Schon ihre Oma war eine erfahrene Kräuterfrau. Ina Schirmer selbst hat eine Ausbildung zur Pflanzenheilkundlerin gemacht. Sie möchte ihre Besucher dafür sensibilisieren, wie viele wertvolle Pflanzen es direkt vor der Haustür gibt. Auch außerhalb ihres Gartens zeigt sie gern, was es am Wegesrand alles an essbaren Kräutern zu finden gibt. Nach so viel Interessantem schmeckt das anschließende Kräutermenü, das auf die Wissenshungrigen gewartet hat, umso vorzüglicher.

TIPP

In ihrem kleinen Hofladen verkauft Ina Schirmer Küchen- und Heilkräuter, Pestos und Gewürze.

- Hofladen Kräuter-Verbena, Stolper Straße 9, 17419 Dargen/OT Prätenow kraeuterverbena.de
- ÖPNV: Haltestelle Dargen-Prätenow, 15 Minuten Fußweg

Sagenumwobene Ausblicke

36 Den Jungfernberg im Lieper Winkel ersteigen

Für Usedomer sind Berge etwas Besonderes. Darum wird auf der Insel alles Berg genannt, was sich ein paar Meter über den Meeresspiegel erhebt. Eine ganz besondere Erhebung ist der 18 Meter hohe Jungfernberg im Lieper Winkel. Denn um ihn rankt sich eine unheimliche Sage. Vier wunderschöne Jungfrauen sollen es gewesen sein, die an einem Sonntag über die kleine Anhöhe hinter dem Dorf Rankwitz zur Lieper Kirche in den Gottesdienst gehen wollten. Doch oben auf dem Hügel begegnete ihnen ein Spielmann, der sie zum Tanzen aufforderte. Die jungen Frauen taten nichts lieber und vergaßen darüber vollkommen die Zeit. Gegen Mitternacht aber verwandelte sich der Spielmann plötzlich in den Teufel. Der Berg unter den vieren tat sich auf und verschlang sie allesamt. Wenn man die Ohren spitzt, kann man sie in manchen Nächten noch heute über ihr Unglück weinen hören, erzählt Marina Sundmacher vom Heimathof Lieper Winkel die Legende um den Jungfernberg.

Marina Sundmacher kennt so viele Geschichten, dass man nicht müde wird, ihr zuzuhören. Ganz gleich, ob sie über den Silberschatz von Quilitz oder über das alltägliche Leben der Menschen spricht. Der Lieper Winkel ist eine Halbinsel weit ab von den Seebädern, die einiges in petto hat: kleine, verträumte Dörfer, schilfgesäumte Buchten, jede Menge Natur und eben den 18 Meter hohen Jungfernberg, auf dem bis vor 100 Jahren eine Mühle gestanden hat. Im Heimathof Lieper Winkel in der ehemaligen Rankwitzer Schule von 1895 erfährt man vieles über die Geschichte der Halbinsel. Selbstredend ist das Besteigen des Jungfernberges gleich hinter dem Dorf Rankwitz anschließend ein absolutes Muss. Hat man den Gipfel erreicht, ist der Ausblick über das Achterwasser und die weiten Wiesen ein adäquater Lohn für die Aufstiegsmühen. Nicht vergessen: Ins Gipfelbuch eintragen! Wer neugierig ist, kann darin Augenzwinkerndes über das beschwerliche Erklimmen andere Gipfelstürmer lesen. Eine Bank lädt zum genussvollen Verweilen und Ausschauen ein.

- Jungfernberg, 17406 Rankwitz
  heimathof-lieper-winkel.de
- ÖPNV: Haltestelle Rankwitz

Treiben lassen

37 Mit dem Tretboot übers Achterwasser schippern

Das Wasser gluckst unter dem knallroten Plastikboot. Die Kette, die mittels Pedalkraft das Schaufelrad am Heck in Rotation bringt, surrt vor sich hin. Doch hört das Treten auf, ist es wunderbar still auf dem Achterwasser. Der Rundumblick ist famos. Libellen jagen lautlos über die Wellen, die sich an diesem lauschigen Sommertag mit jeder Menge Glitter geschmückt haben. Ab und an schnattert es aufgeregt im Schilf. Ansonsten ist es so ruhig, dass man das plötzliche Auf- und wieder Abtauchen eines Fisches hören kann. Es sind diese kleinen und leisen Dinge, die die Seele aufatmen und auftanken lassen. Herrlich! Doch noch schöner ist es, zur Erfrischung einfach mit Schmackes vom Bötchen ins kühle Nass zu springen. Eine Seefahrt, die ist lustig … vor allem auf einem Tretboot.

Bei Kiki's Bootsverleih am Achterwasser in Loddin ist die Auswahl an skurrilen Tretern enorm. Doch ob im Plastikoldtimer, im rosafarbenen Flamingo, im anmutigen Schwan oder in einem der klassischen Tretboote – der Spaß, als Freizeitkapitän gemütlich übers Wasser zu schippern, ist bei allen gleichermaßen unterhaltsam, entspannend und eben bei Bedarf wunderbar erfrischend. Auch Ruder- und Motorboote können bei Kiki's ausgeliehen werden. Wie wäre es bei einer ausgedehnten Tour mit einem Picknick auf dem Wasser? Schließlich macht Tretbootfahren hungrig und ein Vesper auf See schmeckt viel besser als an Land. Bei einem längeren Aufenthalt sollte man jedoch die Sonnencreme nicht vergessen. Denn auf dem Wasser sind Sonnenstrahlen doppelt so stark.

Hat man genug vom sanften Schaukeln und Dahingleiten lädt der idyllische Biergarten zu einem unterhaltsamen und kulinarisch genussvollen Tagesausklang ein. Zweimal in der Woche finden hier Livemusikkonzerte statt. Und wer von oben überblicken möchte, wo er oder sie des Tages entlanggedümpelt ist, kann bei Kiki's auf einen kleinen Aussichtsturm steigen und über die Schilf- und Wasserlandschaft bis in den malerischen Sonnenuntergang schauen.

- Kiki's Bootsverleih, Dorfstraße 23, 17459 Loddin
  kikis-bootsverleih.de
- ÖPNV: Haltestelle Loddin, 10 Minuten Fußweg

HST-44-19

Das versteckte Inselglück

38 Ab in die Natur mit der Insel-Safari

Vom Dach eines Land Rovers sieht die Welt ein wenig anders aus. Vor allem, wenn er schaukelnd mitten durch die Natur des Usedomer Hinterlandes fährt. „Vorsicht! Kopf einziehen“, ruft es aus dem Fahrerhäuschen herauf. Haarscharf huscht das Allrad-Vehikel unter dem Ast einer knorrigen Eiche hindurch. Als der Wald sich lichtet, empfängt die Abenteurer auf dem Autodach die glitzernde Weite des Achterwassers. Eine deftige Brotzeit mit allerlei selbst gemachten Leckereien wie Frischkäse oder Chutney aus dem Hause Fiedler wartet schon darauf, gekostet zu werden. Draußen in der Natur unterwegs zu sein, die Landschaft mit jedem Atemzug, jedem Blick tief in sich aufzunehmen – für Gunnar Fiedler von der Insel-Safari bedeutet das Energie tanken. Dabei kannte der Wolgaster die Insel in seiner Jugend kaum.
Erst als er 2001 in den Insel-Safaribetrieb einstieg, hat ihn die Inselliebe voll erwischt. Seit er mit dem robusten Land Rover Defender Menschen in die schönsten Usedomer Winkel führt, hat die Insel auch sein Herz erobert. „Ich bin durch die ganze Welt gereist, nur um festzustellen, dass ich nicht weit wegzufahren brauche, um Wunderschönes wie einen atemberaubenden Sonnenuntergang auf der Peene zu erleben“, sagt er. Einen reinen Bürojob kann Gunnar Fiedler sich nicht mehr vorstellen und ist froh, wenn er mit abenteuerwilligen Mitfahrern auf Insel-Safari gehen kann. Er liebt es, Menschen seine schönsten Inselecken zu zeigen und ihnen dabei etwas über Seeadler, Biber oder so manchen Promi zu erzählen. Viele, die mit ihm gefahren sind, fragen ein zweites oder drittes Mal an. Einige sind gar schon acht oder neun Mal mit der Insel-Safari über die Insel getourt. Gunnar Fiedler und seine Guides finden immer wieder Ecken, die kaum jemand kennt. Und mit ihren robusten Landys können sie auch verschlungene Pfade in die unberührte Natur wagen. Wenn dann abends am Lagerfeuer der Duft von frisch gegrilltem Fisch in die Nase steigt, ist es da, dieses Gefühl von Freiheit und Zufriedenheit.

- Insel-Safari, insel-safari.de
- ÖPNV: Für die Touren wird individuell ein Abholort vereinbart

INSEL USEDOM SAFARI
Die völlig andere Inselreise
0172 - 31 666 34
INSEL-SAFARI
Natur- und Erlebn

Das Glück des Augenblicks

39 Ein Atelier voller Fotoprosa und Meer

Da ist etwas zwischen ihr und dem, was sie sieht. Etwas, was sie selbst kaum greifen kann, aber festhalten will. Festhalten in Fotografien, die eine ganz eigene Bildsprache haben. Die Fotografin Jacqueline Illemann liebt es, mit der Kamera zu erzählen und Emotionen zu wecken. Fotoprosa nennt sie es. Denn zu ihren Bildern findet sie oft wundervolle Worte. Jeder Augenblick habe einen Zauber und jedes Motiv eine Geschichte. Eine Geschichte, die man nicht unbedingt immer gleich auf den ersten Blick sieht. „Das sichtbar zu machen, was über das rein Sichtbare hinausgeht, finde ich spannend", erzählt sie. Häufig schwarzweiß oder in starke Kontraste gesetzt, haben ihre Fotomotive etwas Kunstvolles. In ihrem kleinen Atelier am Ende der Ahlbecker Promenade kann man in Illemanns Welt aus Kunst, Fotografie, Nostalgie und Kurzprosa eintauchen. Inmitten einer kleinen Gartenidylle hatte es ihr die alte Waschküche auf dem Hof der sanierten Bädervilla Iduna auf Anhieb angetan.

Vom Gerümpel der Jahre befreit, ist sie eine Heimat für ihre Kreativität geworden. Liebevoll hat sie den alten Backsteinschuppen hergerichtet und mit Altem, Neuem und natürlich Eigenem bestückt. Ein kleiner Raum, der so groß ist, dass man sich darin nicht sattsehen kann. In jeder Ecke gibt es etwas zu entdecken, etwas, über das es sich zu erzählen lohnt. Zweimal in der Woche ist das Atelier für Besucher geöffnet. Am Gartentisch unter dem großen Sonnenschirm kann man Kunst und Prosa hernach sacken lassen und mit der Fotografin ins Plaudern kommen. Doch ist Jacqueline Illemanns Fotoprosa nicht nur etwas zum Anschauen, man kann sie auch selbst erleben – in einem Fotoshooting oder Fotoworkshop. Die Fotografin inszeniert gern, spielt mit Accessoires und Requisiten und entwickelt damit eine Szenerie, in die sich die Motive ganz natürlich einfügen. Das Meer ist für sie dabei das schönste Kommunikationsmittel. Es gehört oft dazu. Genauso wie die Texte, die sie zu den Bildern schreibt.

- Atelier fotoprosa und meer, Dünenstraße 14, 17419 Seebad Ahlbeck
fotoprosaundmeer.com
- ÖPNV: Haltestelle Ahlbeck Strandstraße, 5 Minuten Fußweg

Canon
EOS

Handwerk küsst Design

40

In der Goldschmiedegalerie von Rebecca Grob

Rebecca Grob liebt Steine. Edle und auch weniger edle. Wenn man sie morgens an einem steinigen Strand absetzt, kommt sie abends als steinreiche Frau nach Hause. Ursprünglich hatte sie Steinmetz werden wollen. Doch dafür war ihre Statur nicht gemacht. Zum Glück! Stattdessen wurde sie Goldschmiedin. In ihrer Goldschmiedegalerie in Heringsdorf entwirft und baut sie besonderen und immer wieder außergewöhnlichen Schmuck, der gern mit der antrainierten Sehgewohnheit bricht. Ihre Inspiration holt sie sich aus der Umgebung und vor allem aus der Natur. Rebecca Grob liebt die Insel, die Vielfalt auf kleiner Fläche. „Hier gibt es viele Spielräume, Neues auszuprobieren", sagt sie. Bizarre Einschlüsse in Steinen faszinieren sie genauso wie Samenkapseln oder Blattformen. Aber auch die wundervolle Architektur der Villen um sie herum hat Eingang in ihre Stücke gefunden. Ihre Elemente der Bäderarchitektur sind sehr gefragt. Ob als Ohrring, Anhänger oder als Eheringe – mit ihnen trägt Mann und Frau immer ein Stück Usedom am Leib.

Manche Anregungen geistern lange durch die Fantasie der Goldschmiedin, bis sie erst zu Papier gebracht und dann zu wundervollen Schmuckstücken werden. Sich immer wieder neu zu erfinden, ist das, was Rebecca Grob jeden Tag antreibt. Für sie geht Liebe durch die Hände. Und das sieht man. Wenn sie an ihrem Werkbrett sitzt und mit Feingefühl Luft durch den Schlauch ihres Mundlötrohrs bläst, um eine Verzierung an ein Schmuckstück zu schweißen, taucht sie in eine Welt aus ungewöhnlichen Formen und neuen Schmuckideen ab. Ob Edelmetalle, Edelsteine oder einfach nur Strandfunde wie Donnerkeile oder Bernstein – Rebecca Grob liebt es, mit verschiedenen Materialien zu arbeiten. Dabei kommen nicht selten Herzblutstücke heraus, die sie stets mit einem weinenden und einem lachenden Auge aus den Händen gibt. Denn jedes ist ein Unikat. Wer das Besondere und Außergewöhnliche liebt, wird sich in ihrer Goldschmiede wohlfühlen und dabei so manch spannendes Detail entdecken.

- Goldschmiedegalerie, Friedenstraße 2, 17424 Seebad Heringsdorf
goldschmiedegalerie-usedom.de
- ÖPNV: Haltestelle Heringsdorf Bahnhof, 5 Minuten Fußweg

Die perfekte Welle

41 Surfbox Usedom: Life is better at the beach

Der Strand vor dem DJ-Pult ist gut gefüllt. Die Menschen tanzen ausgelassen mit einem Cocktail oder einem Mixgetränk in der Hand zur Musik. Eine Traube um den Kicker, der mitten auf dem warmen Sand steht, fiebert mit den Reckrollen der Minifußballprofis mit. Unter dem großen Sternzelt gleich nebenan genießen Feierlaunige die leichte Brise, die vom Wasser weht, während die Sonne, die geradewegs hinter der Düne untergeht, für romantisches Licht sorgt. Ein Sommerabend an der Trassenheider Surfbox gehört zu den chilligsten und ungezwungensten Zeitvertreiben auf der Insel. Hier darf jeder sein, wie er ist. Hier feiern Inselkinder neben entspannungshungrigen Zugvögeln, coole Surfertypen mit sonnenentfärbter Wuschelmähne neben Großstadthipstern mit Schnauzbart oder eben ganz normalen Sonnenanbetern. Einfach abschalten und sich vom Beat tragen lassen. Da vergisst man glatt, dass man sich auf einer deutschen Ostseeinsel befindet.

Genau das hatte Andi, der Betreiber der Surfbox, im Sinn, als er 2017 die etwas andere Surfschule mit einer Bar in einem Überseecontainer eröffnete. Viele Jahre hatte er als Surflehrer an tropischen Stränden gelebt und jede Menge Ideen im Kopf, als er sich schließlich an einem der schönsten Strände von Usedom seinen eigenen Surfertraum erfüllte. Dieses unvergleichliche Sommergefühl kann jeder sofort spüren, der sich in der großen Hängematte oder auf einem der Paletten-Sessel niederlässt und auf das Meer hinausschaut. Tagsüber können sich Wassersportfans vom Stand-up-Paddling übers Windsurfen bis hin zum Katamaran-Segeln den Wellen hingeben oder es bei Lust und Laune auch direkt vor Ort erlernen. Andi ist ein toller Lehrer. Sein größtes SUP ist sogar für bis zu acht Personen ausgelegt und macht als Riesenbadeinsel richtig Spaß. Abends gibt es zu erfrischenden Cocktails mehrmals im Monat Livemusik oder DJ-Tracks. Von den ersten Sonnenstrahlen bis in die lauschige Nacht hinein kann man an der Surfbox in Trassenheide wunderbare Strandmomente erleben.

● Surfbox Usedom, Sportstrand 9e1–9e2, 17449 Trassenheide
surfboxusedom.de
● ÖPNV: Haltestelle Trassenheide Strand

SUNSET BEACH
PARADIES
FUERTE
SURFSCHULE
TREIBHOLZ
SURFING
CAPETOWN
LOCALS ONLY
KITE

Ein irdenes Paradies

42 Über den Morgenitzer Töpfermarkt schlendern

Das kleine Dörfchen Morgenitz ist ein absolut verträumter und magischer Bilderbuchort. Rote Häuschen mit Reet gedeckt, die Hauptstraße aus Kopfsteinpflaster animiert zur entschleunigten und genussvollen Langsamkeit, an den Zäunen Stockrosen in allen Farben, mit Liebe gestaltete Vorgärten. Landlust springt hier allerorten ins Auge. Doch einmal im Jahr wird dieser beschauliche Ort zum Mekka für all jene, die Irdenes und Getöpfertes lieben. Am letzten Juliwochenende findet auf der alten Dorfstraße und dem Grundstück von Ellen und Peter Krempl der Morgenitzer Töpfermarkt statt. Dann treffen sich Töpferinnen und Keramiker aller Couleur, um ihre wundervollen Geschirre an die Frau oder den Mann zu bringen und ganz nebenbei über ihr Handwerk zu plaudern. An den 40 bis 50 Ständen findet sich eine zauberhafte Auswahl irdener Kreationen – vom rustikalen Steingut über japanische Raku-Keramik bis hin zu fein ziseliertem Porzellan und sogar Skulpturen. Ein Ort, an dem die Herzen von Töpferfans höherschlagen und an dem man schnell mit den Handwerkern selbst ins Gespräch kommen kann.

Seit mehr als 30 Jahren findet der Töpfermarkt mittlerweile statt. Ursprünglich ein kleines Treffen einiger Töpfereien im Garten der benachbarten Keramikerin Astrid Danegger hat sich der Markt zu einem der schönsten und auch hochwertigsten in Norddeutschland gemausert. „Einige unserer treuesten Kunden legen sogar ihren Urlaub so, dass der Töpfermarkt dort hineinpasst", freut sich Töpfermeister Rainer Finck aus Bernitt. Die Organisatoren achten bei der Auswahl der Werkstätten sehr auf handwerkliche und gestalterische Qualität und darauf, dass die Werkstatt zum Ambiente des Marktes passt. „Über die Jahre haben sich tolle Freundschaften gebildet", erzählt Veranstalter Daniel Graf. Für Ellen und Peter Krempl ist die Insel und speziell Morgenitz ein Sehnsuchtsort. „Hier passt einfach alles: Die Idylle des Ortes, das urige des Töpferhandwerks, die Musik, die Menschen. Das hat Flair", schwärmt Peter Krempl.

● Töpfermarkt Morgenitz, 17406 Mellenthin/OT Morgenitz
öpfermarkt-morgenitz.de
● ÖPNV: Haltestelle Mellenthin-Morgenitz

Ab durch die Baumwipfel

43

Höhenluft schnuppern im Kletterwald Usedom

Dieser Glücksort führt nicht nur hoch hinaus, sondern auch mitten hinein ins Grüne. Wer schon immer einmal wie Tarzan an der Liane von Baum zu Baum schwingen und dabei seiner Höhenangst ein Schnippchen schlagen wollte, hat im Kletterwald Usedom die Gelegenheit, seine Kletterkünste und seine Geschicklichkeit auszutesten. Flachlandfans und Erdverwurzelte können beides auch ohne Schwindelgefühl in gefälliger Höhe erproben, bevor sie sich auf das nächsthöhere Level begeben. Denn der Kletterwald hat insgesamt sechs verschiedene Parcours im Angebot. Je nach Anspruch und Zutrauen können Strecken zwischen 1 Meter bis hinauf in die 14 Meter hohen Baumkronen erklettert werden. Der Spiel- und der Spaßparcours beginnen schon knapp über dem Waldboden. Sie sind für Kinder ab 6 Jahren mühelos und angstfrei zu bewältigen. Auch Menschen mit einer Behinderung können diese Strecke gut handeln.

Schwieriger wird's beim Fitness- und beim Erlebnisparcours. In 4 bis 6 Metern Kraxelhöhe ist das Kribbeln beim Balancieren und Hangeln über schwankende Holzstämme, wackelige Strickleitern und frei schwebende Seilschlaufen schon deutlich im Magen spürbar. Wer sich traut, kann sein Klettertalent jedoch bis in die Wipfel hinein herausfordern. Die anspruchsvollste Kletterstrecke ist der Risikoparcours. Für ihn sollten Kletterliebhaber fit und schwindelfrei sein. Denn hier wartet auf ganz Mutige Tarzans Liane. Mit ein wenig Überwindung ist es ein Riesenspaß, sich am Seil bis ins gegenüberhängende Netz zu schwingen. „Wer in den Baumwipfeln surfen will, muss jedoch älter als 14 Jahre alt und mindestens 1,60 Meter groß sein“, erklärt der Parkbetreiber Max Vaske. Damit nichts passiert, sind alle Abenteurer auf jeder Ebene mit einem Gurt und zwei Karabinerhaken abgesichert. Jeder Freiluftpirat bekommt von einem Fachmann eine Einweisung.

Schlägt unverhofft doch einmal die Höhenangst zu, seilen die Ranger ab. Runter sei noch jeder gekommen, sagen sie. Aber noch nie sei jemand heruntergefallen.

- Kletterwald Usedom, 17459 Ückeritz
  kletterwald-usedom.de
- ÖPNV: Haltestelle Ückeritz Kletterwald oder Ückeritz Forsthaus

Eine Bank mit Aussicht

44 Glückseliges Staunen auf dem Loddiner Höft

Als wäre die Zeit stehen geblieben, verweilt der Wanderer auf dem höchsten Punkt des kleinen Fischerdorfes Loddin in glückseligem Staunen. Paradiesisch ruhig ist es hier. Nur das Rauschen des Achterwassers unten in der Tiefe und das Raunen des Windes in der krüppeligen, alten Kiefer hinter der Bank, die zum Ausruhen und Abschalten einlädt, sind zu hören. Die Wellen glitzern in der Sonne. Am Übergang zum Himmel schwebt in der Ferne ein Segelboot durch das gleißende Lichtspiel. Das Loddiner Höft – ein Steilufer von knapp 16 Metern Höhe – ist für Wanderfans und Naturliebhaber eine idyllische Ruheempfehlung. Schon der Weg dorthin ist Entschleunigung. In gemächlicher Steigung führt er über eine Wiese bis zum höchsten Punkt. Die sanften Hügel regen die Fantasie an. Denn hier lässt sich erahnen, wie die Gletscher der Eiszeit vor Tausenden von Jahren der Landschaft ihren Stempel aufgedrückt haben. Noch immer liegen überall Findlinge auf der Weide verstreut wie vergessene Spielzeuge von Riesen. Obelix hätte seine helle Freude an ihnen gehabt.

Schon in der Steinzeit wussten die Menschen das Höft zu schätzen. Zahlreiche Bodenfunde belegen eine Besiedlung schon vor knapp 8000 Jahren. Gerade im Herbst oder im Frühjahr ist dieses Fleckchen oft so idyllisch einsam, dass man die Aussicht ganz für sich allein genießen kann. Picknickkorb nicht vergessen. Denn einen schöneren Ausblick beim Essen gibt es kaum. Wenn man Glück hat, zieht einer der majestätischen Seeadler über der Anhöhe seine Kreise. Hinter der Bank führt ein Wanderweg bis hinunter zur Loddiner Badestelle. Doch sei dieser nur jenen angeraten, die keine Höhenangst haben und gerne klettern, denn er ist sehr steil.

Unten angekommen, öffnet sich vor dem Abenteuerlustigen eine idyllische Badebucht mit einem kleinen Strand. Auch von Kiki's Bootsverleih aus ist der kleine Strand zu Fuß erreichbar. Zum Sonnenuntergang ein absolut romantischer Tipp.

- Loddiner Höft, Am Mühlenberg 5, 17459 Loddin
- ÖPNV: Haltestelle Loddin

Dinner im Gewächshaus

45 Kürbismarkt in der Inselgärtnerei Kühn

Wenn der Herbst die Bäume und Büsche auf der Insel in Goldgelb oder Flammenrot kleidet und die Luft nach den letzten wärmenden Sonnenstrahlen duftet, dann findet in der Inselgärtnerei Kühn in Alt Sallenthin ein ganz besonderer Markt statt: der Sallenthiner Kürbismarkt. Dann quellen die gläsernen Hallen über von Kürbissen aller Art. Ob geschnitzt, ausgehöhlt oder zu wohlschmeckenden Kürbispuffern verarbeitet – ein Tag lang steht alljährlich Anfang Oktober die besondere Beerenfrucht im Fokus. Schon zu DDR-Zeiten wuchsen in den weitläufigen Anlagen und Gewächshäusern diverse Gemüsesorten, Schnittblumen und Zierpflanzen. Nach der Wende privatisiert, lädt der Besitzer der Gärtnerei, Benjamin Kühn, zum Flanieren durch das nostalgische Areal ein. Wer einmal durch den zauberhaften Garten mit seinem einzigartigen Flair spaziert ist, geht nicht ohne ein Stück Natur in der Hand wieder nach Hause. Ob 80.000 Frühjahrsblüher oder uralte, schwer duftende Rosenstöcke – zu jeder Jahreszeit bietet die Gärtnerei eine andere Blütenpracht.

Benjamin Kühn bewirtschaftet die Flächen mit seiner Crew nachhaltig und regional. Regelmäßig finden besondere Veranstaltungen wie der Tomatenintegrationstag statt, bei dem mehr als 200 Sorten verkostet und erstanden werden können. Doch der Kürbismarkt ist bei Einheimischen und Gästen mittlerweile zum Kult geworden. Vom Butternut über die Bischofsmütze bis hin zum Riesenkürbis ist das Gewächshaus an diesem Tag prall gefüllt mit allen möglichen und unmöglichen Kürbissorten. Kinder können sich beim Kürbisschnitzen austoben und so manch feingeistige oder selbst gemachte Leckerei und auch Kunsthandwerkliches ist hier zu finden. Während auf der Freifläche hölzerne Kunstwerke durch eine Kettensäge entstehen, bringt Arne Lifson kleine und große Bewunderer mit seiner Feuershow zum Lachen. Abends wird es bei Kerzenschein heimelig und deliziös. Denn das Kürbisklangfest verführt als Walking Dinner mit kulinarischen Versuchungen durch das nächtliche Gewächshaus.

- Inselgärtnerei Kühn, Alt Sallenthin 16, 17429 Seebad Bansin
inselgaertnerei.de
- ÖPNV: Haltestelle Sallenthin Dorf

'Gold Nugget'

Ausgetrickst

46 Im Museum der Illusionen die Augen täuschen

Wer schon immer mal von einer Sekunde auf die nächste ein bisschen schlanker oder größer sein wollte, sollte dieses besondere Haus auf Usedom unbedingt besuchen. Denn hier wird manches möglich, was normalerweise gegen jedes Naturgesetz verstößt. Doch aufgepasst beim Blick in einen der vielen Spiegel! Sie sagen ihrem Gegenüber nicht immer die Wahrheit. Sie flunkern bisweilen gehörig. Überhaupt ist in diesem Haus nichts so, wie es scheint. An diesem Ort werden den Augen Streiche gespielt. Optische Täuschungen, unmögliche Objekte, verdrehte Welten, verzerrte Räume, Kunstobjekte, in denen man spazieren gehen kann oder die die Welt schlichtweg auf den Kopf stellen – im Museum der Illusionen in Ückeritz wird an mehr als 100 verschiedenen Stationen unser Sehvermögen auf die Probe gestellt und die Grenze eines unserer wichtigsten Sinne ausgetestet.

Auch wenn unsere Augen das mit Abstand leistungsfähigste Sinnesorgan sind, lassen sie sich mit recht einfachen optischen Tricks wunderbar täuschen. Ein Umstand, den sich das Museum der Illusionen zunutze macht. Als Gast erfährt man, wie Bilder im Gehirn entstehen, und kann vieles über Sehgewohnheiten lernen. Doch der eigentliche Spaß beginnt, wenn man plötzlich selbst hinters Licht geführt wird und mit den unmöglichen Möglichkeiten spielen kann. Unbedingt das Smartphone oder einen Fotoapparat mitnehmen! Denn aus mysteriösen Bildern an Wänden und auf Böden entwickeln sich durch die Kamera völlig verrückte 3-D-Welten. TrickArt nennt sich die Kunst mit Aha-Effekt. Sich selbst in Szene zu setzen, ist in dieser Ausstellung darum ausdrücklich erwünscht und wird zu einem echten Spaß für die ganze Familie. Hier kann man zum Bestandteil eines Gemäldes werden oder King Kong ganz sanft über die Nase streicheln. Doch ist das Museum nicht nur ein Ort des Schauens. An etlichen Knobeltischen darf jeder selbst experimentieren und sich beim Versuch, die ineinander verschlungenen Haken und Ösen zu entknoten, in Geduld üben.

● Museum der Illusionen, Zum Achterwasser 4 b, 17459 Ückeritz
museum-der-illusionen-usedom.de
● ÖPNV: Haltestelle Ückeritz Mühlenstraße

Sinnliche Entspannung

47 Waldbaden oder die Kunst der Achtsamkeit

Ein Spaziergang durch den Wald kann ein wahrer Gesundbrunnen sein, wenn man ganz bewusst in ihn eintaucht – in ihm baden geht. Waldbaden heißt, einen Gang zurückzuschalten, die Zeit und allen Stress für einen entschleunigenden Spaziergang zu vergessen. „Uhren ab und Handys aus!", fordert Yvonne Woltanski darum die Waldbadenden auf, bevor es in den Küstenwald hinter der Trassenheider Düne geht. Im Schatten der Bäume ist es angenehm kühl und still. Ein perfekter Ort zum Waldbaden. Wieder ein Stück bei sich anzukommen, ist das Ziel der staatlich anerkannten Waldachtsamkeitstrainerin. In Japan ist das Waldbaden längst eine anerkannte Therapieform. Denn es senkt den Blutdruck und verlangsamt den Puls. Stresshormone nehmen ab und das Immunsystem wird gestärkt. Die von den Bäumen abgegebenen ätherischen Öle nimmt man beim Einatmen in sich auf. Das ist gesund und duftet herrlich!
Bucht man Yvonne Woltanski, ist das allerdings nicht nur entspannend, sondern auch lehrreich. Denn die Waldbademeisterin mixt medizinisches Wissen, Informatives über den Küstenwald und das Erlebnis Wald miteinander. Langsamkeit ist oberstes Gebot. Wer sich darauf einlässt, für den artet das Waldbad in ein überraschendes Sinnenerlebnis aus. Bei verschiedenen Stopps lädt die Achtsamkeitstrainerin dazu ein, den Wald neu zu erleben. So bittet sie darum, die Augen zu schließen. In der Hand einen Fichtenzweig, darf dieser erfühlt, errochen und erschmeckt werden. „Die ätherischen Öle wirken entspannend auf das limbische System", erklärt sie, während die Triebe ihren zitronig belebenden Geschmack an die Zunge abgeben. Es ist erstaunlich, wie intensiv man seine Umwelt plötzlich wahrnimmt. Die Sinnentüren öffnen, nennt Yvonne Woltanski das. Beim Waldbaden konzentriert man sich auf das Hier und Jetzt, auf das, was man hört, riecht und sieht. Und natürlich werden auch Bäume umarmt. „Die Rinde gibt viele gesunde Duftstoffe ab", erklärt sie. Was bleibt, ist ein wunderbares Gefühl der Entschleunigung und der Entrückung.

- Natur & Wonne – Waldbaden mit Yvonne Woltanski, Treffpunkt Parkplatz Strandstraße, 17449 Trassenheide, natur-wonne.de
- ÖPNV: Haltestelle Trassenmoor oder Trassenheide Post, 10 Minuten Fußweg

So schmeckt la dolce vita

48 Feine Delikatessen aus dem Weinladen Ahlbeck

Eigentlich nennen alle den kleinen Weinladen, gleich am Anfang der Ahlbecker Seestraße, nur Gabis Laden. Denn die Seele dieses winzigen Schlemmertempels heißt Gabriele Pretzel. Tritt man in ihr Feinkostgeschäft, verschlägt es einem wegen der Überfülle an Köstlichkeiten glatt die Sprache. Man fühlt sich, als stünde man in einer überreich bestückten italienischen Salumeria. Aus den Regalen springen dem Genusswilligen diverse lukullische Spezialitäten und erlesene Weine ins Auge. Eine gläserne Verkaufstheke hält für Feinschmecker die wunderbarsten Genüsse parat. Ein Paradies des guten Lebens und des guten Geschmacks hat sich die einstige Berlinerin mit Inselwurzeln seit 2003 hier aufgebaut. Was anfangs mit ein paar Weinsorten begann, ist heute eine gut sortierte Weinhandlung, in der es deutsche Weine von der Saale bis an den Rhein zu finden gibt, aber auch Weine aus Österreich, Italien, Frankreich, Spanien, Portugal, Südafrika, Chile und Argentinien. „Da ist für jede Gelegenheit und für jeden Geschmack etwas dabei", sagt Gabi.

Die Inhaberin hat nicht nur zu vielen Winzern persönlich Kontakt, sie hat auch einen Lehrgang zum Chef de cave, dem Kellermeister, absolviert. Nach und nach kam die Feinkost hinzu. „Ich gehe im Urlaub am liebsten über Märkte. Immer auf der Suche nach Besonderem", erzählt sie. Hat sie etwas entdeckt, erweitert sie ihr Sortiment. In der Theke gesellen sich zur toskanischen Fenchelsalami Finocchiona, spanischer Manchego-Käse, luftgetrockneter Schinken, verschiedene Antipasti und andere feinköstliche Gaumenfreuden. Alles, was man für ein gelungenes Essen benötigt, kann bei Gabi erstanden werden. Native Öle, Konfitüren, Chutneys, Pasta, aber auch handgeschöpfte Schokolade, edle Pralinen, ausgewählte Teesorten und feine Tischwäsche füllen die Regale des Ladens. „Ein gutes Essen ist ein Erlebnis, und das möchte ich meinen Kunden gern vermitteln", sagt die Frau, die mit ihrer Herzlichkeit jedem Eintretenden sogleich ein willkommenes Gefühl verleiht.

- Weinladen Ahlbeck, Seestraße 1, 17419 Heringsdorf
weinladen-ahlbeck.de
- ÖPNV: Haltestelle Seebad Ahlbeck, 5 Minuten Fußweg

Jamon de Aragon
Edel-Serrano
100g 3.90 €
PICANTE

Foto trifft Kunst

49 Die Usedom Galerie Foto-Art

Das rote Bötchen – so nennt der fotoverrückte Kerpener Ralf Klinkhammer sein absolutes Lieblingsmotiv auf der Insel Usedom. Damit das Relikt alter Fischertradition auch nach dem Ruhestand des Fischers Dieter Saß nicht verloren geht, haben er und sein ebenfalls fotoverrückter Kompagnon, Henry Böhm, das Boot gerettet und es vor ihre gemeinsame Galerie gestellt. Denn die beiden Fotografen verbindet nicht nur die Leidenschaft zum Einfangen besonderer Momente, sondern auch eine außergewöhnliche Kunstgalerie vis-à-vis der Heringsdorfer Seebrücke. Hier stellen sie auf knapp 110 Quadratmetern in wundervollen Fotografien ihre ganz eigene Sicht auf die Insel aus. Schon zuvor hatten sie eine Popup-Galerie eröffnet. „Doch als das Angebot kam, eine richtige Galerie zu betreiben, konnten wir nicht Nein sagen", erzählt Henry Böhm. Er ist ein echtes Inselgewächs, der sich auf seinen Reisen rund um den Globus schon viele Inseln aus der Nähe angeschaut hat.

Ralf Klinkhammer dagegen stammt vom Rhein. Sein Humor und sein Charme sind in den Bildern fühlbar. Wie Waldorf und Statler aus der Muppet Show sitzen die beiden manchmal in ihrer Galerie – frotzeln, sinnieren und philosophieren über Fotos. Trotz ihrer gemeinsamen Leidenschaft für die versteckten und wenig bekannten Inselecken sind sie so verschieden wie Tag und Nacht. Der eine liebt die Weite, der andere das Detail. Was sie aber beide haben, ist ein Händchen für Dekorationen. Ob antikes Lastenfahrrad, Röhrenfernseher aus den 1950er-Jahren oder eine alte, zur Stehlampe umfunktionierte Parkuhr – zu schauen und zu erstöbern gibt es in den Galerieräumen viel. Auch die Kunst anderer Metiers. Die Galerie hat ein Gästezimmer, in das von Zeit zu Zeit neue Künstler einziehen. Malerei, Skulptur, Töpferei – die Galeristen sind offen für alles. Lebendig soll es zugehen. Lesungen, Konzerte, Vernissagen gehören für sie darum ebenfalls zum Konzept. Und natürlich etwas Süffiges für die Kehle. „Schließlich macht Kunst durstig", lacht Henry Böhm.

- Usedom Galerie Foto-Art, Delbrückstraße 1–4, 17424 Heringsdorf
usedomgalerie.com
- ÖPNV: Haltestelle Heringsdorf Seebrücke

Geistreiches Glück

50 Im Pub Sealord wartet die echte Whisky-Liebe

Mit seiner Holzvertäfelung, den Lederbezügen, dem antiken Steuerrad und der Schiffskanone im Fenster ist das englische Pub Sealord eine der besten Adressen für alle, die es gern gesellig, gemütlich und ungezwungen mögen. Vor allem aber ist die kleine Bar das Mekka für Whisky-Liebhaber auf der Insel. Denn hinter der Theke wartet ein Schlaraffenland auf all jene, die den edlen und geistreichen Malt-Tropfen schätzen. Zwischen 65 und 75 verschiedene Sorten zumeist aus dem Mutterland des guten Whiskys, Schottland, türmen sich in den Regalen bis unter die Decke. Vom weichen, fruchtig runden Highland Malt bis zum rauchig torfigen Islay-Insulaner – hier findet sich für jeden Geschmack das Passende. Auch auf Raritäten, die schon eine halbe Ewigkeit in diversen Sherry-Fässern reifen durften, können sich Genießer freuen. Kennt Mann oder Frau sich in Sachen Whisky so gar nicht aus, hilft Sven Ole Stöhr, das Sealord-Barkeeper-Urgestein, gern bei der Wahl. Als passionierter Whisky-Liebhaber weiß er, wovon er spricht, und berät mit seiner bezaubernd entspannten Art nicht im Fachjargon, sondern so, dass auch Neulinge am Ende auf den Geschmack kommen.

Wer dann noch immer keinen Whisky mag, kann es sich im Sealord dennoch gut gehen lassen. Es gibt Guinness, Kilkenny, Cocktails und für den kleinen Hunger stehen auf der Karte ein paar deftige Snacks. Live-Musik gehört im Sealord zum guten Ton und für die Kneipenquiz-Runde, Bingo-Abende und bei Fußballspielen ist das Pub im Ort der Anlaufpunkt Nr. 1. Das Pub gibt es schon seit 1995. Sven Ole Stöhr hatte einst als Praktikant hier angefangen. Inzwischen gehört er zum Inventar. Er erinnert sich gern an die vielen Geschichten, die er hier schon erlebt hat, und an so manchen Gast. Wie an die Besucherin, die im Sealord zum ersten Mal Silvester auf der Insel erlebt hatte und vor Begeisterung weinte. „Der Laden war so proppenvoll, dass niemand umfallen konnte", lacht der Barkeeper.

● Pub Sealord, Vinetastraße 5, 17454 Zinnowitz
vineta-hotels.de/pub-sealord-in-zinnowitz.html
● ÖPNV: Haltestelle Zinnowitz Kurverwaltung oder Zinnowitz Schule

GUINNESS

Des Müllers Lust

51 Die Holländermühle in Benz

Don Quichote hätte seine helle Freude an der Ostseeinsel gehabt, hätten seine Abenteuer ihn bis nach Usedom gebracht. Denn bis vor knapp 100 Jahren beherbergte die Insel noch um die 20 Mühlen. Dazu gehörten Wassermühlen, Bockwindmühlen, bei denen die Mühle auf einem drehbaren Bockgestell sitzt, und die bekannten Holländermühlen. Eine der schönsten, noch erhaltenen Mühlen von Usedom ist die Holländerwindmühle von Benz. Eine Treppe führt vom Dorf aus auf den Mühlenberg. Ist man oben angelangt, wandert der Blick weit ins Land. Es ist, als läge dem Schauenden mit dem Benzer Kirchturm und dem dahinterliegenden Schmollensee das Gemälde einer dörflichen Idylle zu Füßen. Das dachte sich wohl auch der deutsch-amerikanische Maler Lyonel Feininger, der die Mühle 1910 zeichnete.

Erstmals erwähnt wurde die Windmühle im Jahr 1823. Schon damals war sie 16 Meter hoch und besaß eine Flügelspannweite von 24 Metern. Ihren Erhalt hat die Mühle vor allem dem Maler Otto Niemeyer-Holstein zu verdanken. Denn er verliebte sich auf Anhieb in sie und kaufte sie 1974 der Witwe des letzten Müllers ab. Nachdem er das Gebäude mit neuen Holzschindeln und neuen Flügeln versehen hatte, wurde der Holländer ein beliebter Anziehungspunkt. Unzähligen Malern, Fotografen und Filmemachern wurde das pittoreske Motiv zu einem Inspirations- und Glücksort. So wie für die Bildhauerin Sabine Teubner. Wer mit offenen Augen über den Mühlenberg schlendert, kann noch heute Skulpturen der Künstlerin auf dem Areal entdecken.

Otto Niemeyer-Holstein vererbte die Mühle per Testament der Gemeinde. Heute kümmert sich der Verein Kulturmühle Benz hingebungsvoll um die alte Dame. In den Sommermonaten ist sie fast täglich für Besichtigungen geöffnet. Das Backhaus nebenan lädt zu selbst gemachtem Kuchen und herzhaften Brotzeiten ein, bei denen man die wundervolle Stimmung des Geländes genießen kann. Ganz besonders schön ist es im Frühsommer, wenn der Ginster blüht und das ganze Gelände in einen goldgelben Mantel hüllt.

TIPP

Das Benzer Mühlenfest lädt alljährlich zu Pfingsten ein, das alte Müllerhandwerk kennenzulernen.

- Holländermühle Benz, Mühlenweg, 17429 Benz
  muehle-benz.de/Kulturmuehle_Benz/Willkommen.html
- ÖPNV: Haltestelle Benz Schule/Kirche, 6 Minuten Fußweg

Süßer Stopp zum Küssen

52

Jetzt ist die Zeit fürs Gartencafé Seelchen

Schon einmal von einer Kusshaltestelle gehört? Im Café Seelchen auf der Halbinsel Gnitz gibt es sie. Inmitten eines idyllischen Gartens steht ein kleiner Pavillon, in dem man romantisch küssen, aber auch wunderbar schlemmen darf. Das Seelchen ist ein kleiner Kraftort, ein Ort der Ruhe, der Leichtigkeit und des köstlichen Kuchengenusses. Das Haus mutet wie eine alte Industriescheune an. Urige Stallelemente, große Eisenfenster aus einer ehemaligen Schmiede, viel Holz und handgearbeitete Industrial-Möbel geben dem kleinen Café ein shabby-schickes Flair. Alles ist licht und offen. Und man kann den Kuchenbäckerinnen bei der Arbeit zuschauen. Wer erst einmal in der Kusshaltestelle Platz genommen hat oder auf einem der lauschigen anderen Gartenplätze, kommt so schnell nicht weg von diesem verwunschenen, verträumten Paradies. Denn im Seelchen vergisst man bei köstlichem Kaffee und liebevoll selbst gebackenem Kuchen Zeit und Welt. Mit viel Herz und Charme wuppt die Cafébetreiberin, Alina Bull, gemeinsam mit ihren Mitarbeiterinnen den Laden.

Ihre Kuchen und Torten sind inzwischen legendär. Ganz gleich, ob Sanddorn-, Erdbeer- oder Himbeer-Sorbet-Torte, Poppy Brownie mit Popcorn-Topping oder Toffee-Cheesecake mit echtem Toffifee – sie schmecken alle zum Reinlegen köstlich. Alinas Lieblingsplatz ist die schnieke Siebträgerkaffeemaschine. „Ich liebe alles, was mit Kaffee zu tun hat“, schwärmt sie. Die Zinnowitzerin ist leidenschaftliche Barista und denkt sich ständig neue Spezialitäten aus. Ihre Karamell-Eis-Latte ist die beste der Welt. Neben ausgefallenen Kuchenkreationen gibt es immer auch ein herzhaftes Gericht. Zudem gehören zum Seelchen-Sortiment auch feine Weine und eine kleine, eigens für das Café entworfene Shirt-Kollektion. Wenn man es sich gemütlich gemacht hat, das Wasser im Froschkönigteich plätschern hört, vor sich eine süße Versuchung und einen duftenden Kaffee – dann zählt nur noch das Hier und das Jetzt und das Fallenlassen.

- Seelchen – Café im Garten, Zinnowitzer Straße 2, 17440 Lütow/OT Neuendorf
- ÖPNV: Haltestelle Lütow-Neuendorf

MILCH!
- Orangen
USEDOM

Wenn der Flieder blüht

53 Eine Promenade voller Blütenduft

Wenn im Frühjahr die Promenade in Ahlbeck zu neuem Leben erwacht, schmückt sie sich mit unzähligen Blüten. Während die Weiden just beschnitten ihre Stämme noch kahlköpfig in den Frühlingshimmel recken, blüht es in Beeten und Rabatten so üppig, als wollten die Tulpen, Narzissen, Riesenanemonen und Hyazinthen sich mit der Schönheit der zahlreichen Villen der Umgebung messen. Doch übertroffen werden sie alle von einem Meer aus süß duftendem Flieder, der im Mai von Weiß über Zartrosa bis ins tiefste Violett die breite Flaniermeile des Seebades säumt. Flieder ist der Inbegriff des herannahenden Sommers und gerade hier am Meer ist er der Vorbote der schönsten Zeit des Jahres.

Kinder lieben es, den süßen Saft aus den einzelnen Blüten zu saugen. Und auch die Erwachsenen kommen ins Träumen, wenn sie sich auf einer der Promenadenbänke niederlassen. In dichten Hecken direkt hinter die Düne gepflanzt, verschlägt es Spaziergängern zuweilen den Atem, wenn sie bis in das Seebad Heringsdorf hinein an den vollen Dolden vorbeischlendern. Übrigens ist die Promenade der Kaiserbäder die längste Promenade in Europa. 12 Kilometer lang, verbindet sie die Seebäder Bansin, Heringsdorf und Ahlbeck miteinander und reicht durch den Küstenwald hindurch sogar bis ins polnische Swinemünde hinein. Einfach ein Fahrrad ausleihen oder per pedes auf Entdeckungstour gehen. Beim Gang an den hölzernen Kapitänsvillen in Bansin, den herrschaftlichen Prunkresidenzen wie der Villa Oechsler oder Oppenheim in Heringsdorf oder an den schnuckeligen Pensionshäusern in Ahlbeck vorbei taucht man ein in eine längst vergessene Zeit und Welt, als rauschende Kleider und steife Krawatten Gärten, Cafés und Seebrücken bevölkerten. Vieles hat sich seitdem geändert, doch eines ist geblieben: Noch heute bestaunen und genießen die Menschen das farbenfrohe Blütenmeer auf und entlang der Promenade. Gern auch mal aus der luftigen Höhe des Ahlbecker Riesenrades, das allsommerlich zu wunderschönen Ausblicken einlädt.

● Europapromenade, 17419 Seebad Ahlbeck
usedom.de/europas-laengste-strandpromenade
● ÖPNV: Haltestelle Ahlbeck Strandpromenade

Altes Handwerk ist in

54 In der Pommerschen Keramik Manufaktur

Dem Pommern wird ja ein bodenständiges und schlichtes Wesen bescheinigt. Was beileibe kein Makel ist. Denn gerade das pommersche Understatement ist in Sachen Handwerkskunst derzeit sehr gefragt. Bestes Beispiel ist die Töpferkunst von Susi Erler. Ihre Pommersche Keramik Manufaktur hat sich auf die originale Irdenware der Region spezialisiert. Die weiß glasierten Krüge, Teller, Schüsseln und Tassen mit der typisch blau-grünen Bemalung sind bei Töpferwarenfans beliebt. Bis ins 18. Jahrhundert hinein wurde diese spezielle Art der Keramik in ganz Pommern hergestellt. Sie zierte damals jeden Tisch und wurde über den Stettiner Hafen sogar bis nach Dänemark verschifft. Oft wird sie deshalb auch als Stettiner Ware bezeichnet. Um die pommersche Tradition wiederzubeleben, wurde 2003 in der einstigen Anklamer Grafik- und Designschule die Pommersche Keramik Manufaktur gegründet.

2006 wanderte sie nach Usedom in das kleine Dörfchen Mellenthin aus. Seitdem ist auch Susi Erler dabei, die 2009 den Betrieb übernahm. Das Besondere an der Manufaktur ist, dass die Besucher beim Töpfern und Bemalen zuschauen können. So ist die Hingabe, mit der sich Susi Erler ihrem Handwerk widmet, unmittelbar erlebbar. Während der weißgraue Tonklumpen sich auf der Töpferscheibe dreht, lassen die Augen der Keramikerin ihn keine Sekunde los. Bereits nach kurzer Zeit ist die Gestalt eines Gefäßes erkennbar. Dennoch liegen noch viele Arbeitsstunden vor Susi Erler und ihren Mitarbeitern. Nach dem ersten Brennen erhalten die Stücke die weiße Glasur und werden mit kobaltblauer Farbe bemalt. In der Schaumanufaktur stapeln sich die halbfertigen Erzeugnisse bis unter die Decke. Sie alle warten auf den eigentlichen Brand. Bei 1220 Grad Celsius dauert dieser drei Tage. Erst dann glänzt das Geschirr so schön wie in den Regalen des Verkaufsraumes. Neben der original Stettiner Ware wird in der Töpferei auch allerhand Dekoratives hergestellt, das dem Zuhause oder dem Garten außergewöhnliche Akzente verleiht.

● Pommersche Keramik Manufaktur, Morgenitzer Berg 10, 17429 Mellenthin
pommersche-keramik.de
● ÖPNV: Haltestelle Mellenthin Wasserschloss

Eine leuchtende Mühle

55 Auf der Mole von Swinemünde

Leise nähern sich die majestätischen Vögel der steinernen Mole, putzen ihr Gefieder, recken die Hälse in die kühle Morgenluft. Immer mehr Schwäne versammeln sich auf dem spiegelglatten Wasser, um die Ruhe dieses Momentes zu genießen und sich vor der aufgehenden Sonne ein romantisches Stelldichein zu geben. Der Morgen an der weißen Mühlenbake, die an der Hafeneinfahrt von Świnoujście, auf Deutsch Swinemünde, steht, gehört ihnen. Und den Fischern, die mit ihren tuckernden Kuttern und dem Fang der Nacht heimkehren. Im Laufe des Tages werden sie von den großen Frachtern und Fähren abgelöst, die sich in und aus Richtung Trelleborg und Ystad die schmale Furt entlang an der kleinen Bake vorbeischieben. Dann wirkt das knapp 10 Meter hohe Leuchtfeuer am Ende der Mole so winzig wie Gulliver im Land der Riesen.

Wenn jedoch im Sommer zum großen Hafenfest, der Sail Świnoujście, die alten Traditionssegler mit ihren vielen Masten ihre Parade abhalten, ist es, als würde die kleine Bake plötzlich wachsen und in der Nachmittagssonne gleich noch einmal so hell erstrahlen. Gebaut wurde der Signalturm im Jahre 1874. Einst sollte er der besseren Orientierung für die einlaufenden Schiffe in den größten Hafen der Insel dienen, inzwischen ist die kleine Bake zum offiziellen Wahrzeichen der Stadt Swinemünde avanciert, ist Place-to-be für Gäste und Swinemünder gleichermaßen. Vor allem abends zum Sonnenuntergang, wenn der Himmel sich rosarot und lila einfärbt, ist die Mole ein beliebter Treffpunkt für junge und jung gebliebene Menschen, die sich mit einem kühlen Bier oder einem feinen Wein auf die aufgewärmten Steine setzen und den Kitern dabei zuschauen, wie sie mit abenteuerlichen Sprüngen und pfeilschnellen Boards nur ein paar Meter entfernt vorbeihuschen. Denn gleich neben der Mole befindet sich einer der angesagtesten Kitespots von Świnoujście. Hier, am Ende der Insel Usedom, pulsiert das Leben, während beim Blick über die Bucht das Herz weit wie die Ostsee wird.

- Mühlenbake Swinemünde, Uzdrowiskowa, 72–600 Świnoujście, Polen
  baken-net.de/swinemuende_muehlenbake.htm
- ÖPNV: Haltestelle Promenada, 25 Minuten Fußweg

Das Glück des Findens

56 Bernsteinsammeln leicht gemacht

Sie sehen schon leicht verrückt aus, wenn sie in voller Montur vor einem stehen: mit Wathose bekleidet, Stirnlampe am Kopf, Schwarzlichtlampe, Harke und einem mit Wasser gefüllten Gefäß in den Händen. Für die absoluten Cracks unter den Bernsteinsuchern ist dieser Aufzug völlig normal. Immer dann, wenn die Zeit für Bernstein günstig ist, sind sie am Strand zu finden. Dass es da manchmal draußen schon stockfinster ist, hält sie nicht von der Suche nach dem heiß begehrten Ostseeschatz ab. Dank ihrer Schwarzlichtlampe ist der Bernstein besonders gut auszumachen. Denn das Harz fluoresziert in der Dunkelheit.

Gerade im Herbst und im Winter, wenn die Stürme meist aus Nord oder Nordost über die Insel wehen, ist die beste Zeit, um an den Stränden von Usedom Bernsteine zu sammeln. Nach einem Sturm ist die Wahrscheinlichkeit hoch, einen der honigfarbenen Harztropfen zu entdecken. Denn das aufgewühlte Meer hat den Boden gehörig umgepflügt und dadurch auch den Bernstein aus tieferen Schichten zutage gefördert. Da der Stein sehr leicht ist, wird er bei anlandiger Strömung an den Strand gespült. Vor allem in den Orten der Inselmitte, in Koserow, Kölpinsee oder Stubbenfelde, ist die Strömung besonders günstig und es lohnt sich, hier durchs seichte Wasser zu waten und im Schlick oder im Tang nach dem Meeresgold zu suchen. Auch ohne Wathose und Schwarzlicht.

Für alle, die nachts lieber schlafen, ist der Sonnenaufgang ein ebenso idealer Zeitpunkt, um auf die Suche zu gehen. Durch die tief stehende Sonne leuchtet der Bernstein besonders schön. Ist dem Suchenden das Finderglück hold und man hält tatsächlich einen der warm funkelnden Ostseesteine in den Händen, fällt das Aufhören schwer. Denn das Sammeln fokussiert. Es ist wie eine Art Meditation. Glückshormone durchfluten den Körper und der Bernsteinblick geleitet oftmals sogleich zum nächsten Funkeln. Alte und gewiefte Sammler sagen: Hast du erst den Bernsteinblick, kommt der Bernstein von ganz allein zu dir.

● Strände von Koserow, Kölpinsee und Stubbenfelde
usedomer-bernsteinbaeder.de
● ÖPNV: Haltestelle Koserow, Kölpinsee oder Stubbenfelde, jeweils 10 Minuten Fußweg

Zauberhafter Genussort

57 Zu Besuch im Gourmet-Bistro N'avi

Nandalee ist der Name einer Elfe. Und genauso zauberhaft ist auch der kleine, verwunschene Naturcampingplatz mit ebenjenem Feen-Namen Nandalee am Schmollensee. Ein wenig versteckt, im Rücken der Seeheilbäder, umgeben von Wäldern liegt ein Fleckchen Usedom, an dem Achtsamkeit im Umgang miteinander und vor allem mit der Natur gelebt wird. Urig rustikale Separees im Herzen des Platzes laden zu süßen Mußestunden ein. Hier befindet sich das Bistro N'avi, in dem auch Nicht-Camper herzlich willkommen sind. Wer Ruhe und einen traumhaften Seeblick liebt, für den ist das Café mit idyllischem Garten ein Paradies. Ob im offenen Wintergarten oder an einem der Tische draußen – man fühlt sich sofort in Urlaubsstimmung versetzt. Vielleicht liegt es an den asiatisch, manchmal auch nordisch anmutenden Holzpavillons, in die man sich zurückziehen kann, vielleicht auch an der entspannten Atmosphäre, die auf dem gesamten Gelände herrscht.
Im Garten verteilt stehen Skulpturen der Bielefelder Künstlerin Manuela Radau. Überhaupt ist hier alles mit viel Handwerkskunst und Kreativität geschaffen. Kreativ geht es auch am Herd des Bistros zu. Die herzhaften Gerichte sind mindestens genauso schmackhaft wie die süßen Versuchungen. Also im besten Fall Platz für ein Dessert lassen. Die Küche im N'avi ist leicht und intensiv im Geschmack. Es wird mit Kräutern aus dem eigenen Garten, essbaren Blüten, gesundheitsfördernden Gewürzen und selbst zusammengestellten Salzen gekocht. Fazit: außergewöhnlich und lecker. Wer mehr über die einzelnen Zutaten erfahren möchte, kommt mit den Küchen-Feen schnell ins Gespräch und selten schnell wieder heraus. Der Kuchen, das Eis oder die Waffeln sind wahre Verführer der süßen Sorte. Ob mit Schoko- oder Karamelltopping oder als Biofruchtvariante – Hauptsache im Garten sitzen, die Sonne auf dem Gesicht spüren und die kleine Auszeit an diesem zauberhaften Ort genießen. Im Sommer gibt es abends bei Kerzenschein und Feuer gute Live-Musik-Acts.

- Gourmet-Bistro N'avi auf dem Naturcampingplatz Nandalee, Sellin 17 a, 17429 Heringsdorf, nandalee-camping.de
- ÖPNV: Haltestelle Heringsdorf Bansin Dorf, 30 Minuten Fußweg

Glück

Kaum zu glauben, aber wahr

58 In der Phänomenta einmal den Kopf verlieren

„En Dampfmaschin, dat is ene jroße schwarze Raum“, versuchte Lehrer Bömmel seinen Schülern in der Feuerzangenbowle Physik anschaulich zu erklären. Was dem altbackenen Pädagogen mit dem niederrheinischen Dialekt damals gehörig misslang, schafft heute die interaktive Phänometa in Peenemünde eindrücklich und vor allem spielerisch. Auf 2500 Quadratmetern finden sich eine Vielzahl an Experimenten zum Ausprobieren. Ein Gang durch die Räume ist wie eine Entdeckungsreise in die Welt der Physik. Und die verblüfft und versetzt in Staunen. So ganz anders als im trockenen Schulunterricht. Da fällt ein beleuchteter Wasserstrahl geräuschlos in ein Metallbecken. Unmöglich. Eigentlich. In einem anderen Raum lässt ein Stroboskop den eigenen Schatten an der Wand gefrieren oder der neugierige Besucher verliert beim Erforschen der Exponate einfach mal den Kopf, um ihn dann auf einem Silbertablett serviert zu bekommen. Wie all diese physikalischen Phänomene funktionieren, erklären verständlich beschriebene Tafeln und natürlich der Selbstversuch. Auch wie es möglich ist, einen knapp 700 Kilogramm schweren Trabi mit einer Hand hochzuheben, die Sache mit der Schallgeschwindigkeit oder warum im Bermudadreieck immer wieder Schiffe verschwinden, wird anschaulich demonstriert. Physik mit Spaß begreifbar zu machen, das war die Idee des Amerikaners Frank Oppenheimer, des Erfinders der interaktiven Wissenschaftsmuseen.

Im Jahre 2000 öffnete die Phänomenta in Peenemünde ihre Türen. Aus den einst 20 Experimenten sind mittlerweile mehr als 200 geworden. Neben naturwissenschaftlichen Phänomenen können Besucher auch optische und von der Hirnforschung inspirierte Kuriositäten bestaunen wie Autostereogramme. Das sind abstrakte Muster, in denen sich Figuren verstecken. Es gibt Tast- und Duftstationen und wer sich einmal in eine schillernd bunte Welt begeben möchte, kann sich mitten in eine riesige Seifenblase hineinstellen. Physikalisches Vorwissen ist für die Phänomenta nicht nötig, nur Entdeckergeist.

● Phänomenta Peenemünde, Museumstraße 12, 17449 Peenemünde
phaenomenta-peenemuende.de
● ÖPNV: Haltestelle Peenemünde

Ein steinreicher Garten

59 Der Gesteinsgarten am Forstamt Neu Pudagla

Einmal steinreich sein und geradewegs durch Jahrmillionen hindurch spazieren gehen, das können Freunde der Petrologie – der Steinkunde – am Forstamt Neu Pudagla. Denn in der Inselmitte befindet sich ein ganz besonderer Glücksort – ein Garten, in dem zwar auch ein paar Blumen und Pflanzen wachsen, der aber ansonsten von Steinen bevölkert ist. Hier sind sie anzutreffen, die ältesten, schwersten und am weitesten gereisten Dauerbesucher der Insel. Angelegt wurde der Usedomer Gesteinsgarten im Jahre 2000 von Gösta Hoffmann, einem der führenden Geowissenschaftler Deutschlands, der sich vor allem der Erforschung der Küstenentwicklung verschrieben hat. Er und die hiesigen Förster haben auf dem Gartengelände des Forstamtes alle Gesteine zusammengetragen, die während der Eiszeit von der gewaltigen Gletschermasse von Skandinavien bis nach Usedom geschoben wurden. Knapp 140 verschiedene Gesteine sind hier zu finden.

In der Welt der Geologen ist der Gesteinsgarten eine der vollständigsten Sammlungen aller Gesteinsarten, die es gibt. Die Steine kommen aus Dänemark und Schweden, von der Insel Bornholm, von Öland und von der Insel Gotland. Und wer genau hinsieht, findet sogar welche aus Finnland oder aus den Tiefen der Ostsee. Auf einem 300 Meter langen Rundweg kann man durch etliche Zeitalter der Erdgeschichte wandeln. Denn die Senioren unter den Exponaten sind mit geschätzten 2 Milliarden Jahren gar halb so alt wie die Erde selbst. Sie haben also nicht nur die gigantischen Farnurwälder erlebt und überlebt, sondern auch die Dinosaurier. So manches Lebewesen hat seine Spuren auf ihnen hinterlassen. Abdrücke von Ammoniten und Belemniten, Muscheln und Korallen sind beredte Zeugen uriger Zeiten. Da kommt man sich als Mensch mit nicht einmal einem Jahrhundert Lebenszeit doch sehr, sehr jung vor.

Ein Spaß ist es, den schwersten Gesellen unter den Schwergewichten ausfindig zu machen. Kleiner Tipp: Er wiegt schlappe 11,4 Tonnen. Zweimal so viel wie Manni, das Mammut.

TIPP

Ende Oktober findet am Forstamt der Wilde Markt mit Wildspezialitäten und Handwerkerständen statt.

● Usedomer Gesteinsgarten, Forstamt Neu Pudagla, 17459 Seebad Ückeritz
forstamt-neupudagla.m-vp.de
● ÖPNV: Haltestelle Ückeritz Forsthaus

Von pommerschen Genüssen

60 Verwöhnmomente in der Remise in Stolpe

Der Blick von der sonnenüberfluteten Terrasse über die Wiese zum Stolper Schloss ist märchenhaft. Jetzt fehlt nur noch eine Kutsche, die vorfährt und herrschaftliche Damen und Herren in das mittelalterliche Gemäuer mit den drei Türmchen entlässt. Hier, im Schatten der alten Schlossremise zu sitzen, entspannt und belebt gleichermaßen. Wo früher die Pferde, Kutschen und Stallburschen der Grafen von Schwerin untergebracht waren, befinden sich heute Ferienappartements, die allesamt nach berühmten Pferden benannt sind, und ein kleiner Verwöhntempel mit kulinarischen Leckereien. Gerade jener ist es, der mit seiner wohl ausgewählten Karte zum genussvollen Niederlassen einlädt.
Verführerisch duften die Pommern Tapas auf dem Tisch. Mit Matjeshäckerle, Heringsröllchen, geräucherter Entenbrust, Züssower Käse, Minibacktüfte und Wachtel-Senfeiern können sich Probierfreudige den Geschmack Pommerns als kleine Häppchen auf der Zunge zergehen lassen. Alles ist frisch und selbst zubereitet und wird in kleinen Schüsseln serviert. Für Vegetarier gibt es fleisch- und fischfreie Varianten. Saisonal und regional – darauf legt der Hausherr Lars Lindemann viel Wert. Das Fleisch ist exzellent. Auch Wild aus dem Usedomer Forst gibt es, je nach Angebot des örtlichen Jägers, von dem Lars Lindemann es direkt bezieht.
Ist die Sonne weg, lockt ein gemütliches Interieur ins Restaurantinnere. Warme Naturtöne, Holz und das eine oder andere Secondhand-Möbelstück aus Omas Scheune treffen auf modernes Design. Urig wirken der Tresen aus alten Backsteinen oder die großen Kerzenleuchter aus den ehemaligen Dachbalken der Remise. Dass er einmal ein solches Restaurant sein Eigen nennen würde, davon hat der Gastronom Lars Lindemann lange geträumt. Er ist mit Leidenschaft Gastgeber, und das merkt man. Sein Team ist immer gut gelaunt und herzlich. An Feiertagen gibt es Brunches, Büfetts oder eine besondere Karte. So manch kleine, feine Veranstaltung findet hier statt. Sogar zum Tanz lädt die Remise ab und an ein.

- Restaurant Remise, Alte Dorfstraße 7, 17406 Stolpe auf Usedom
restaurant-remise-schloss-stolpe.de
- ÖPNV: Haltestelle Stolpe (auf Usedom)

Süße Windbeutelträume

61 Im Kaffeegarten Alte Feuerwehr

Vis-à-vis der Benzer Kirche befindet sich ein Ort, der für Waffel- und Windbeutelliebhaber ein absolutes Paradies auf Erden ist. Mit ihren großen offenen Toren und dem hölzernen Schlauchturm ist die alte Feuerwache schon von Weitem gut zu sehen und lädt mit ihrer süßen und herzhaften Küche in einen lauschigen, verspielt eingerichteten Kaffeegarten ein. Vor allem im Sommer blüht es hier an jeder Ecke. Für Kinder gibt es auf dem Gelände ein kleines, vollkommen windschiefes Haus zum Toben und Spielen. Ob Kuchen, Waffeln oder die legendären Windbeutel – in dem Familienbetrieb kommt nichts auf den Tisch, was die beiden Schwestern Sabrina Labahn und Ramona Peper nicht selbst hergestellt haben. Mit dem Kaffeegarten haben sich die beiden ihren Kindheitstraum erfüllt. Den Traum, die Menschen mit verführerischem Waffelduft und windgebeutelten Köstlichkeiten zu verzaubern.

Ramona Peper ist gelernte Bäckerin und backt den Liebling des Cafés nach einem Rezept ihrer Mama. Die Windbeutel gibt es in unterschiedlichen Variationen: mit Kirsch-Beeren-Füllung, mit Schokoladeneis und Eierlikör oder mit Zwetschgen-Zimt-Füllung. Neben den süßen Leckereien stehen auch herzhafte Speisen auf der Kreidetafel. Von Suppen bis Quiches oder Fisch werden in der Küche einfache, aber köstliche Gerichte gezaubert, immer mit einem außergewöhnlichen Geschmackskick verfeinert. Vieles, was im Kaffeegarten auf dem Teller landet, kommt von regionalen Anbietern. Den Käse kaufen die Betreiberinnen beim Ostseeländer in Züssow, das Eis bei Jackle und Heidi in Neubrandenburg und der Honig stammt aus Ahlbeck. Die Chutneys, Marmeladen und Schwarzen Nüsse stellen die Schwestern selbst her und sind dem Genussfreudigen zur Verköstigung empfohlen.

Auch im Winter lohnt sich ein Besuch der Alten Feuerwehr. Denn die Glasfront des Spritzenhauses ermöglicht nicht nur einen schönen Ausblick auf die St.-Petri-Kirche, sondern ist durch die restaurierten Möbel auch urgemütlich.

- Kaffeegarten Alte Feuerwehr, Kirchstraße 16, 17429 Benz
  kaffeegarten-altefeuerwehr.de
- ÖPNV: Haltestelle Benz Kirche

Von der Südsee zur Ostsee

62 Die Galerie Werth: Kunst und feines Handwerk

Was haben das Südsee-Königreich Tonga und das norddeutsche Fleckchen Usedom gemeinsam? Es sind beides Inseln. Beide haben schneeweiße Strände, herrlich blaues Wasser, schenken Weite in den Blick und Glück in die Seele. Ansonsten jedoch haben beide nicht viel miteinander gemein – bis auf die gebürtige Bremerin Susanne Werth. Sie hat 4 Jahre in der Südsee gelebt, dort ein Restaurant geführt, in dem ab und an regionale Künstler Bilder ausgestellt haben. Jetzt lebt sie auf Usedom und betreibt in Benz eine kleine, feine Galerie.
Doch was bringt jemanden dazu, das Paradies unter Palmen gegen das Paradies unter Krüppelkiefern einzutauschen? „Es war die Sehnsucht nach Heimat. Und nach dem, was wir hier als ganz selbstverständlich ansehen: fließendes Wasser, eine funktionierende Toilette, Strom. Wir vergessen oft, in welch einem Wohlstand wir leben", sagt Susanne Werth. Nach ihrer Rückkehr bot ihr ein Freund an, in seiner Scheune neben der Benzer Kirche eine Galerie zu betreiben. Nach kurzem Überlegen sagte sie zu. „Ich habe mich sofort in diesen zauberhaften Ort verliebt, von dem ich gar nicht ahnte, dass er so viel Kultur zu bieten hat", schwärmt die Galeristin. Susanne Werth freut sich, wenn die Besucher in ihre Galerie hereinkommen und einfach draufloserzählen. „Dann koche ich gleich Kaffee", lacht sie. Sie liebt es, zu plaudern und andere Sichtweisen kennenzulernen.
Zweimal im Jahr wechseln die Ausstellungen. Sie möchte jungen Künstlerinnen und Künstlern eine Plattform bieten, aber vor allem auch Künstlern aus der Region. Dabei findet sich bei ihr nicht nur Gemaltes. Auch Keramiken, Skulpturen oder Kunst aus anderen Materialien stellt sie aus. „Alles, nur keinen Kitsch", lacht sie. Ein besonderes Faible hat die Galeristin für textile Kunst. Denn sie webt selbst und betreibt Klosterstickerei. Und so hat sie sich ihren Traum erfüllt, in der Benzer Galerie an einem eigenen Webstuhl Kunsthandwerkliches zu erschaffen. Denn sie möchte dem Ort ein Stück Kultur zurückgeben.

- Galerie Werth, Kirchstraße 13, 17429 Benz
  galerie-werth.de
- ÖPNV: Haltestelle Benz Kirche

Kuscheliges Glück

63 Unterwegs mit plüschigen Entspannungsgurus

Jeder, der zum ersten Mal frisch geschorene Alpakas sieht, kommt unweigerlich ins Schmunzeln. Denn mit ihren wuscheligen Köpfen, den großen Augen und dem leicht einfältigen Blick sehen sie einfach zu drollig aus. Doch Vorsicht! Ein altes Quechua-Sprichwort sagt: Schau einem Alpaka nicht zu tief in die Augen, du könntest dich verlieben! Ursprünglich kommt die zu den Kamelen gehörende Tierart aus Südamerika. Doch die fünfköpfige Herde, die auf der Koppel von Meryem Flechsig in Ückeritz wohnt, fühlt sich auch auf Usedom pudelwohl. Und genau wie bei einem Pudel ist das Fell ganz wuschelig weich. „Ich fand Alpakas schon immer süß“, schwärmt Meryem. Das erste Kuscheltier der Flechsigs, Olli, stammt aus dem Wolgaster Tierpark. Da Alpakas sehr gesellig sind und sogar an Einsamkeit sterben können, kamen schnell Chester, Carlo, Tony und Albert dazu. Die fünf sind dicke Kumpels und machen alles zusammen. Dabei hat jeder seinen eigenen Charakter. Olli kuschelt gern, Tony ist ein Meckerkopp, Albert, der älteste, ist gern der Chef, Carlo chillt am liebsten und Chester ist ein echter Dickkopf. Und wenn sie nicht wollen, wollen sie nicht. „Da können sie sturer sein als ein Esel“, scherzt die Besitzerin. Meryem erzählt Besuchern gern etwas über Alpakas. „Sie sind sehr reinlich, sparsame Esser und allesamt Diabetiker“, sagt sie. Deshalb darf man sie nicht mit Möhren oder Äpfeln füttern. Da Alpakas nicht schwitzen können, hat Meryem ihnen einen kleinen Pool auf die Wiese gestellt. Wer einmal eine Weile in ihrer Nähe war, merkt schnell, wie beruhigend und entspannend die scheuen, aber neugierigen Tiere sein können. Bei gutem Zureden lassen sie sich am Halfter zu einem Spaziergang durch die schöne Landschaft in der Inselmitte überreden. Wer allerdings eine schnelle Runde drehen möchte, ist bei Alpakas auf dem Holzweg. Die possierlichen Tierchen sind gern gemütlich unterwegs, lieben kleine Stopps, um zu snacken, und werden dadurch ganz automatisch zu plüschigen Entschleunigungsgurus.

- Usedom-Alpakas, Mühlenstraße 8, 17459 Ückeritz, Tel. (01 62) 2 86 98 27
- ÖPNV: Haltestelle Ückeritz Schule, 10 Minuten Fußweg

Nach den Sternen greifen

64 Die Volkssternwarte von Heringsdorf

Schon immer waren die Menschen von den Sternen fasziniert. Mit modernen Fernrohren und Teleskopen kann man heutzutage bis in weit entfernte Galaxien schauen. In einem kleinen Observatorium direkt in der Düne des Heringsdorfer Strandes können sich Sternengucker und solche, die es werden wollen, auf eine Reise ins Universum entführen lassen. 1960 hatte der Physiker Manfred Baron von Ardenne die Sternwarte errichtet und das erste Teleskop dort installiert. Der berühmte Namensgeber, der im Laufe seines Lebens über 600 Patente anmeldete, liebte Usedom und verbrachte viele Sommer hier. „Die Astronomie gilt als die älteste Wissenschaft der Welt. Denn die Bewegung der Himmelsobjekte ist eines der faszinierendsten Naturerlebnisse", schwärmt Lars Stephan.

Der Heringsdorfer Jurist ist seit der Schulzeit begeistert von der Sternenkunde und betreut seit 1990 die Heringsdorfer Volkssternwarte. Vom Frühjahr bis in den Herbst nimmt der leidenschaftliche Astronom Interessierte an mehreren Abenden in der Woche mit in ferne Sternenbilder. Wer keine Ahnung von der Materie hat, braucht keine Angst zu haben. Lars Stephan geht auf die Grundbegriffe der Astrophysik ein und erklärt, was Planeten, Sterne und andere Phänomene im Weltall sind. Bei klarem Himmel zeigt er, wie das Heringsdorfer Teleskop funktioniert. „Jeder Teilnehmer kann dann selbst einmal nach den Sternen greifen", so Lars Stephan. Neben den verschiedenen Sternbildern stellt er auch die Astrofotografie vor. Für ihn die Königsdisziplin der Fotokunst. Was Stephan in so manch sternenklarer Nacht am Heringsdorfer Strand schon fotografiert hat, ist unglaublich: Emissionsnebel von Sternbildern oder Sternentstehungen, die Tausende Lichtjahre entfernt sind. Ein Himmelsphänomen, das ihm in seiner Sammlung jedoch noch fehlt, ist eine totale Sonnenfinsternis. „Die von 1999 war in Norddeutschland leider nicht voll", bedauert er. Dafür ist die nächste totale Mondfinsternis auf Usedom nicht mehr weit. Sie findet am 31.12.2028 statt.

- Volkssternwarte Manfred von Ardenne, Delbrückstraße 10, 17424 Heringsdorf
sternwarte-usedom.de
- ÖPNV: Haltestelle Heringsdorf Seebrücke, 5 Minuten Fußweg

Im Teehimmel angekommen

65

Das Waldesruh in Zinnowitz

Das Gartencafé Waldesruh ist das wohl lauschigste Plätzchen inmitten des lebendigen Badeortes Zinnowitz. Ein wenig versteckt, am Rande des Küstenwaldes, wird der Ruhesuchende von einem weiten Garten empfangen. Überall stehen kleine Statuen, bepflanzte Gefäße, alte Obstbäume. In den unzähligen Sträuchern brummt und summt und zwitschert es unablässig. Bunte Schmetterlinge und Libellen tummeln sich in den Blüten. Auf den Jugendstil-Tischen springen einem Frauennamen wie Effi oder Auguste entgegen. Im Hintergrund ragt eine alte Fachwerkvilla ins Bild. Mit seinem umlaufenden Holzbalkon sieht sie aus wie ein Schwarzwaldhaus. Hier auf der Insel nennt man solche Häuser Wolgaster Holzhäuser. Sie zählen zu den ersten Fertighäusern in Deutschland.

Das Waldesruh in Zinnowitz wurde 1886 eingeweiht und diente lange Zeit als Erholungsheim für Schwestern und Waisen aus dem Diakonissenstift Salem. Im Schatten der Villa befinden sich in einem kleinen Nebengelass die Teestube und das Dekorationsgeschäft Tendenz – ein Mekka für Teefans und Liebhaber hochwertiger Wohnaccessoires. Neben süßen Leckereien wie Bonbons, Pralinen oder Marmeladen beherbergen die Regale mehr als 160 Teesorten. Der Eigentümer Klaus Fricke, der das Anwesen 2003 liebevoll restauriert und wiederhergerichtet hat, ist selbst leidenschaftlicher Teetrinker und dazu ein begnadeter Bäcker. Wer gerne Kuchen isst, sollte sich die Bernsteintorte auf keinen Fall entgehen lassen. Der Kuchen aus Quark und Baiser ist die Spezialität von Klaus Fricke. Doch verrät er auch, dass die Entstehung der golden schimmernden „Bernsteine" auf seiner Torte ein kleines Geheimnis ist. „Jeder Bäcker hat so seine Theorie, warum die Bernsteintupfen oben auf dem Kuchen erscheinen", erzählt er mit einem Augenzwinkern. Im Winter, wenn es zu kalt ist, draußen im Garten zu sitzen, ist die Kaminstube mit dem urigen Bullerofen in der Ecke nach einem langen Strandspaziergang ein wunderbarer Glücksort zum Aufwärmen und Schlemmen.

- Waldesruh, Waldstraße 26 a, 17454 Zinnowitz
- ÖPNV: Haltestelle Zinnowitz Kurverwaltung, 5 Minuten Fußweg

Auf in den Sonnenuntergang

66 Das Café Knatter – Surf-Spot für Romantiker

Sanfte Wellen kräuseln über das Achterwasser. Eine leichte Brise bläht das große Trapez zu seiner vollen Größe auf. Fast lautlos gleitet das Board über die sonnengleißende Fläche dahin. Mehr Freiheit geht nicht.

Einer der schönsten Surf- und Kite-Spots der Insel befindet sich nicht etwa an der Ostseeküste, sondern am idyllischen Achterwasser. Das kleine Café Knatter im Seebad Ückeritz lässt die Herzen von Wassersportlern und Romantikern höherschlagen. Denn das Knatter – wie viele es nennen – ist nicht nur für seine gute Küche und romantischen Sonnenuntergänge bekannt. Die schilfumsäumte Bucht ist eines der größten Stehreviere der Insel. In der zum Knatter gehörenden Schule können Windsportliebhaber Segeln, Surfen und Kiten lernen.

Dass die beliebte Surfschule einmal mit einer spartanisch zusammengezimmerten Bretterbude angefangen hat, ist heute jedoch schwer vorstellbar. Alle hätten ihn damals, 1990, wegen der klapprigen Wände ausgelacht, die schon beim leisesten Lüftchen ordentlich flatterten und knatterten, erinnert sich Jörg Abert, der Gründer der Surfschule und Inhaber des Cafés. Für seine Surfschule ist er die gesamte Ostseeküste abgefahren. Auf Usedom wurde er fündig. Idyllisch, absolut romantisch und so flach, dass man auch 300 Meter vom Ufer entfernt noch stehen kann. Aus der einstigen Bretterbude wurde im Lauf der Jahre ein schniekes Bistro-Café mit herrlicher Sonnenterrasse. Über dem Café und im angrenzenden Bootshaus können Surfer und Achterwasserliebhaber in neun Ferienwohnungen ausspannen. Und nebenan lädt eine gut ausgerüstete Segel-, Kite- und Surfschule mit Unterrichtsraum, Kaffeebar und Equipment-Verleih zum Windsporteln ein. Egal ob blutiger Anfänger oder ausgebuffter Profi – im Knatter fühlen sich alle wohl. Locker geht es zu, ungezwungen. Wenn es langsam dämmrig wird und die Sonne im Achterwasser untergeht, ist das der perfekte Ausklang eines wunderschönen Tages auf und am Wasser.

- Windsport Usedom am Café Knatter, Hauptstraße 36, 17459 Ückeritz windsport-usedom.com
- ÖPNV: Haltestelle Ückeritz Sportboothafen, 5 Minuten Fußweg

FANATIC

Laufen macht glücklich

67 Beim Moon Run bewegende Glücksmomente erleben

Den ganzen Tag hat die Sonne ihr Bestes gegeben. Selbst jetzt in den Abendstunden ist es noch wunderbar warm. Es ist Anfang August und der Sommer hat gerade erst Halbzeit. Auf dem Konzertplatz in Bansin tummeln sich viele Menschen in leuchtend grünen Shirts. Ein großer Bogen kündigt Start und Ziel eines Laufevents an. Ein Laufevent zum Sonnenuntergang und zum Mondaufgang. Einmal im Jahr – immer zum ersten Augustvollmond – treffen sich die Laufmützen Usedom und alle, die Freude am gemeinsamen Laufen und Walken haben, zum Moon Run. Es ist dieser Moment, in dem die Welt unter den Füßen hinweggleitet, der einen weit weg vom Alltag bringt und in dem Endorphine im Glücksrausch durch den Körper tanzen. Für Läufer und Walker ist es genau das, was süchtig macht.

Beim Moon Run gehen jedes Jahr fast 300 Bewegungsfans an den Start. Für die Laufmützen keine ungewöhnliche Zahl. Denn durch ihre öffentlichen Lauftreffs für jedermann, jedefrau und jedeskind hat sich eine Gemeinschaft entwickelt, der sich mit Begeisterung immer mehr Lauffreudige anschließen. Jeder kann mitmachen. Ein großer Motivator ist zudem das Laufen für einen guten Zweck. Denn bei jedem Lauf werden Spenden für den Ambulanten Kinder- und Jugendhospizdienst Leuchtturm in Greifswald gesammelt. Die ehrenamtlichen Mitarbeiter dort helfen Familien, bei denen ein Kind lebensverkürzend erkrankt ist. Sie unterstützen psychologisch und palliativ, schaffen Freiräume für Eltern, nehmen sich Zeit für die Geschwister und leisten Trauerarbeit. Alle freiwilligen Startgelder der Laufmützenläufe gehen zu 100 Prozent an den Hospizdienst. Mehr als 100.000 Euro sind seit 2014 zusammengekommen. „Laufend Gutes tun" nennen es die Laufmützen.

An sich ist jeder ihrer Läufe beflügelnd. Aber der Moon Run, der abends von vielen Menschen und dem leuchtenden Vollmond begleitet auf der Promenade von Bansin nach Heringsdorf bis zur Seebrücke Ahlbeck und zurück stattfindet, ist jedes Jahr ein ganz besonderer Lauf mit einer ganz besonderen Stimmung.

TIPP

Ein weiterer Lauf ist der Weihnachtsmützenlauf, der stets am zweiten Weihnachtstag in Ahlbeck startet.

- Moon Run, Konzertpavillon, 17419 Bansin
  laufmuetzen-usedom.jimdofree.com
- ÖPNV: Haltestelle Bansin Strandpromenade

START

Unikate mit Geschichte

68 Einzigartige Lampen bei Olliwood Island

Das hat Seele, hört man die Leute sagen, und Gabi und Olli Kleine von Olliwood Island freuen sich. Denn es ist für sie eines der schönsten Komplimente. Schon immer hat der gelernte Holzbootsbauer Olli Holz gesammelt – altes, aussortiertes, angeschwemmtes. Irgendwann hat er angefangen, daraus Lampen zu fertigen. So wunderschöne, rustikale, einzigartige, dass sie ihm regelrecht aus den Händen gerissen wurden. Vor 10 Jahren haben er und seine Frau Gabi eine Werkstatt und einen Laden in Wolgast eröffnet. Schnell wurde der zu klein und sie suchten nach einem größeren Objekt. Im Trassenheider Bahnhof, einem denkmalgeschützten Holzbau, wurden sie fündig. Seit 2018 beglücken die beiden von hier aus mit besonderen Holzleuchten, Möbeln und Interieurstücken. Denn zu den selbst gebauten Lampen kamen Möbelbauer, die wie Olli aus alten Materialien wundervolle, neue Stücke kreieren. Tritt man in das alte Bahnhofsgebäude ein, möchte man am liebsten sogleich darin einziehen – so heimelig ist das Ambiente. Es ist ein absolutes Wohlgefühl, das sich im ganzen Körper ausbreitet. Die Augen wandern über die wundervollen Einrichtungsgegenstände und sagen bei allem: Das muss ich haben!

So außergewöhnlich wie die Holzmöbel, so einzigartig sind die Sachen, die Olli baut. Jedes Stück erzählt eine Geschichte. Manches Holz ist schon viele Hundert Jahre alt. So wie die Lampen aus den alten Balken des Glockenstuhls der Netzelkower Kirche oder aus den Holzplanken der einstigen Liebesbrücke in Wolgast. In seiner Werkstatt liegt manch altes Fundstück, das noch auf seinen Bestimmungszweck wartet. „Wir wissen vorher nie, was es wird“, erzählt er. Gabi und Olli designen zusammen. Inzwischen nicht mehr nur für das eigene Geschäft, sondern auch als Einrichter besonderer Wohnträume. Es ist das Zusammenspiel von Farben, Texturen und Materialien, das Olliwood Island ausmacht. Und der Laden ist eine Oase, in der man sich in all die schönen Dinge verlieben und sie am Ende mit nach Hause nehmen kann.

● Olliwood Island, Bahnhofstraße 1, 17449 Trassenheide
olliwoodisland.com
● ÖPNV: Haltestelle Trassenheide

19
72

Durch die Kunst spazieren

69 Im Atelier von Otto Niemeyer-Holstein

Ahrenshoop hatte sie, Murnau am oberbayerischen Staffelsee und das verträumte Dörfchen Worpswede auch – Künstler, die zusammen wohnten und sich gegenseitig inspirierten. Kaum jemand weiß, dass es auch auf der östlichsten deutschen Insel befreundete Künstler gab und noch immer gibt, die zusammen Kunstvolles erschaffen, das von Kunstliebhabern genossen werden kann. Auch Usedom wirkt seit den 1920er-Jahren für Künstler wie ein Magnet. Die außergewöhnlichen Lichtstimmungen und die reizvolle Landschaft an der Grenze zwischen Land und Meer sind es, die die Künstler anziehen.

Der wohl bekannteste unter ihnen war der Maler Otto Niemeyer-Holstein. Im Jahr 1933 zog er mit einem ausrangierten Berliner S-Bahnwagen an die schmalste Stelle der Insel. In dieses kleine Fleckchen mit seinem winzigen Naturhafen hatte er sich auf Anhieb verliebt. In dem von ihm gegründeten Lüttenort baute er sich ein einzigartiges Refugium aus Wohnhaus, Atelier und Skulpturengarten. Bis zu seinem Tod 1984 schuf er hier etwa 5000 Werke. Er hielt zu vielen Künstlern und politischen Zeitgenossen Kontakt – Wolf Biermann ging bei ihm genauso ein und aus wie Karl-Eduard von Schnitzler. Streng nach der Devise von Niemeyer-Holstein musste jeder Besucher seine politische Gesinnung am Eingangstor lassen. Das Einzige, das für ihn zählte, war die Kunst.

Heute ist sein Atelier samt Garten für jeden Kunst- und Gartenliebhaber zugänglich. Die Pinsel und die Palette liegen noch immer so da, als käme der Maler gleich von einem Nickerchen oder einem Ausflug zurück, um just in diesem Moment seine Arbeit wieder aufzunehmen. In dem vom Künstler gestalteten Garten stehen zahlreiche Skulpturen befreundeter Künstler. Ein urig verwunschener Ort, in dem es in jeder Ecke etwas zu entdecken gibt. Zu dem Ensemble gehört seit 2001 eine Galerie. In ihr finden wechselnde Ausstellungen rund um die Usedomer Künstler, Vorträge, Lesungen und Konzerte statt.

- Atelier Otto Niemeyer-Holstein, Lüttenort 1, 17459 Ostseebad Koserow
atelier-otto-niemeyer-holstein.de
- ÖPNV: Haltestelle Zempin, 20 Minuten Fußweg

Herrenhaus mit Charme

70 Kuchengenuss in der Cafélerie in Mölschow

Alte Gemäuer haben oft einen ganz besonderen Charme. Vor allem, wenn sie mit Feingefühl und einem Händchen für das gewisse Etwas saniert und wieder eingerichtet wurden. So wie das alte Gutshaus von Mölschow. Genüsslich in den antiken Holzsessel mit der geflochtenen Lehne gekuschelt, in der Hand einen aromatisch duftenden Cappuccino, kommt man beim Blick auf die alten Backsteinmauern, auf Eisenkunst und rustikale Möbel schnell ins Träumen und ins Schwärmen. Wie das wohl früher hier ausgesehen haben mag? Ein bisschen kann man es sich vorstellen, in der kleinen Cafélerie von Madlen Kassner im alten Gutshaus von Mölschow. Denn das alte Herrenhaus beherbergt nicht nur die Usedom Destillerie, sondern auch eines der schnuckligsten Cafés der Insel. Die Cafélerie ist ein Ort, an dem guter Kaffee und köstliche Kuchenkreationen zu Hause sind. Alles ist selbst gemacht.

Die Möbel – zwischen schick und shabby, stylish und urgemütlich – stammen von einem tischlernden Freund, die Dekorationen von einem Wolgaster Künstler, der Altem gern eine neue Seele einhaucht. Den Verkaufstresen hat die Cafébetreiberin sogar selbst gemauert. Dass sie einmal hauptberuflich Kuchen backt und ihn dann Zuckerschnuten und Leckermäulchen serviert, hätte Madlen Kassner, die ursprünglich einmal Bauzeichnerin war, sich nicht träumen lassen. Jetzt aber ist genau das ihr Traumberuf, den sie um nichts in der Welt wieder gegen einen Bürojob eintauschen möchte. Sie backt alle ihre Kuchen selbst. Viele Rezepte stammen von ihrer Oma. So wie der Käsekuchen ohne Boden, den man sich bei einem Besuch nicht entgehen lassen sollte. Doch nicht nur Traditionelles kommt bei Madlen Kassner in den Ofen. Sie probiert sich gern aus und kreiert auch mal neue Backwerke.

Ihr persönlicher Liebling ist die Quittentorte mit Früchten von den gutshauseigenen Obstbäumen. Unter deren Blätterdach lässt es sich im Sommer auch außerhalb der alten Mauern wunderbar aushalten und schmecken.

- Cafélerie, Trassenheider Straße 7 a, 17449 Mölschow
- ÖPNV: Haltestelle Mölschow Ort

Ein Hauch von Wasabi

71

Die Sushi Grill & Bar in Swinemünde

Mit absoluter Präzision zerteilt der Sushiya alles, was er unter sein rasierklingenscharfes Yanagi bekommt. Ganz gleich ob Avocados, Mangos, Lachs, Thunfisch, Dorade, Jakobsmuscheln oder Bambusblätter. Es ist ein Erlebnis, ihm dabei zuzuschauen. Natürlich sollte man auf einer Insel unbedingt einmal Fisch gegessen haben. Wer aber die fernöstliche Meerestierzubereitung mag und authentisches Sushi liebt, für den ist die Sushi Grill & Bar im Hilton Świnoujście Resort & Spa der Himmel auf Erden. Klein und edel mutet die Sushi Bar in der ersten Etage des Hilton an der Swinemünder Promenade an. Dunkles Holz, schwarzer Marmor, ein gedämpftes Lichtkonzept und eine minimalistisch stylische Einrichtung – hier wurde alles auf das Wesentliche reduziert, damit nichts vom eigentlichen Genuss ablenken möge. Die Mitte des Raumes wird wie in einem klassischen Sushi-Restaurant von einer überdimensionalen Theke dominiert, hinter der die Sushiya – die Sushi-Köche – auf faszinierende Weise ihrer Kunst nachgehen.

Die japanische Küche lebt von der Perfektion. Nur mit viel Geduld und durch langes Üben sei sie zu erreichen, sagen die Sushi-Meister. Deswegen dauert eine Ausbildung zum Sushiya in der Regel viele Jahre. Das jahrelange Lernen zahlt sich in der Swinemünder Sushi Bar aus. Denn die Ergebnisse können sich nicht nur schmecken, sondern vor allem auch sehen lassen. Das Auge isst mit und so muten die fertigen Platten wie wunderschöne Zen-Gemälde an. Ob Kim-Chi-Salat, Miso, Ramen oder die begehrten Reisrollen mit deliziösem Inhalt – nicht nur bei der Zubereitung, sondern auch beim Geschmack wird auf Authentizität Wert gelegt. Die Gerichte sind Meditation. Einfach die Augen schließen und auf der Zunge zergehen lassen. Wird es doch zu scharf, ist der äußerst aufmerksame Service bemüht, mit Tee oder Wasser Abhilfe zu schaffen. Die Sushi Bar ist auch für Vegetarier geeignet und wer sich lieber an Fleisch statt Fisch auf dem Teller erfreut, für den gibt es landtierfrisches Filet auf der Karte.

● Sushi Grill & Bar, Aleja Baltic Park Molo 4, 72–600 Świnoujście
zdrojowahotels.pl/sushi-grill-bar
● ÖPNV: Haltestelle Promenada

Übern Deich geblickt

72 Auf geschichtsträchtigen Pfaden wandeln

Endlos scheint sich der Weg mitten durch die Wiesen hinter dem Karlshagener Hafen zu schneiden. Schnurgeradeaus führt er, bis er sich im flimmernden Übergang zwischen grauem Schotter und Himmel zu verlieren scheint. Links und rechts zieht sich über die Weiten ein Netz aus Entwässerungsgräben. Schlanke Reiher stehen wie Statuen unbewegt im Schilf, aus dem es unentwegt quakt und zirpt. Durch die hohen Kronen der Bäume, die die Straße flankieren, rauscht raschelnd der laue Sommerwind. Weit oben am Himmel segelt ein Seeadler durch die Lüfte. Seine Rufe sind schon von Weitem zu hören. Schautafeln am Wegesrand geben Aufschluss über die Tiere und die Geschichte dieses Ortes. Denn jeder Meter, auf dem man hier wandelt, erzählt aus der Vergangenheit.

Das, was nach einer Weile unvermittelt in der Landschaft auftaucht, sind allerdings keine antiken Aquädukte. Es sind Überreste von Bunkern und Raketenabschussrampen der einstigen Heeresversuchsanstalt Peenemünde aus dem Zweiten Weltkrieg. Bedrückend und doch so beglückend zu sehen, dass der Frieden den Krieg überdauert und die Natur mit kleinen gelben und weißen Blüten über die Kriegsmaschinerie siegt. Neben einer Schutzhütte führt ein Weg auf den Deichkamm hinauf. Von hier oben ist der Blick über die Mündung der Peene mit ihren Schilf- und Salzgrasinseln wie dem Kleinen und dem Großen Wotig atemberaubend. Weiße Segel schweben in Richtung Peenemünder Hafen. Ein bizarrer Kontrast zu den Bunkern auf der anderen Seite. Heilsam einsam radelt oder wandert es sich durch die weitläufige Landschaft. Ursprünglich eine Bucht des Peenestroms erstreckt sich rechter Hand der Cämmerer See. Das Wasser des Sees ist so klar, dass man vom Steg aus bis fast auf den schlammigen Grund hinunterschauen kann. Wem Petri hold ist, wird das Vergnügen so manchen Pfundskerls zuteil. Wer nur die Ruhe genießen möchte, ist auf der kleinen Sitzbank ebenfalls genau am richtigen Ort, bevor ein Stück weiter schon das Ziel, der Hafen von Peenemünde, in Sicht kommt.

● Deich Karlshagen, Weserstraße, 17449 Karlshagen
museum-peenemuende.de/das-museum/die-denkmal-landschaft
● ÖPNV: Haltestelle Hafen-Karlshagen

Skyline in Pastell

73 Morgens in der Bergstraße von Bansin

Wenn frühmorgens die Sonne aus der Ostsee steigt, taucht sie die Inselwelt in goldenes Licht. Gesichtern gleich recken die wunderschönen Fassaden der alten Bädervillen in Bansin sich dem Morgenrot entgegen. Der Blick wandert die Bansiner Bergstraße hinunter vorbei an ebenjenen Villen, die es in dieser Fülle nur hier zu finden gibt. Luftig leicht wirken die Häuser in ihrem Weiß, ihrem Hellgrün, ihrem Gelb. Vom sanften Morgenlicht überzogen, wirkt die Skyline in Pastell fast unwirklich schön. Das Auge wandert über die Erker und Mittelrisalite, die sich wiederholenden Rundbogenfenster und gläsernen Loggien und bleibt an den Namen attraktiver Damen hängen – Diana, Frieda, Dora, Carola, Laetitia –, immer auf der Suche nach dem grenzenlosen Blau, das glücklich macht. Die Häuser oberhalb der Promenade wurden auf Lücke gebaut. Und so gibt es den ersehnten Ostseeblick in der Bergstraße, trotz ihrer Lage in der zweiten Reihe, von jedem Balkon und jeder Veranda aus zu bestaunen.

Kaum zu glauben, dass die ganze Straße schon kurz nach der Gründung des Seebades 1897 innerhalb von nur 1,5 Jahren gebaut worden ist. Unzählige Berliner Maurer und Hamburger Zimmerleute haben das einzigartige Architekturensemble geschaffen. Schließlich wurden schon nach nur ein paar Jahren Bädertrubel dringend Unterkünfte für die immer zahlreicheren Seesüchtigen gesucht. Weil die Bergstraße ursprünglich sehr steil war, wurde sie kurzerhand um mehr als 1 Meter abgesenkt. Man konnte den Herrschaften schließlich nicht zumuten, dass sie gänzlich aus der Puste oben in ihren vornehmen Quartieren ankamen, statt vergnügt und verträumt beim Vorbeischlendern die Architekturschönheiten in sich aufzunehmen.

Auch heute ist die Bergstraße ein Ort, an dem man ins Träumen und Schwärmen gerät und an dem man sich den Hals verrenkt, um alle Katzen auf dem Dach der Villa Fortuna zu entdecken, bevor der Strand mit seinem verlockenden Wellenrauschen jeden wieder für sich einnimmt.

- Bergstraße, 17429 Seebad Bansin
- ÖPNV: Haltestelle Bansin Seebrücke

Unter hohen Kronen

74 Der Buchenwald an der Steilküste von Bansin

Das dichte Blätterdach der uralten Bäume spendet wunderbar kühlen Schatten. Nur an einigen Stellen dringt die Sommersonne bis auf den Boden hinab, streut Glitzerkonfetti auf das Laub von gestern. Darunter raschelt es ab und an geheimnisvoll. Die Luft riecht salzig und nach Wald, nach feuchter Erde, nach frisch geschlagenem Holz und würzigem Moos. Ein Specht schlägt seine Liebesbotschaft per Morsezeichen in die Rinde einer Buche. Hier oben, im Wald an der Steilküste, gleich hinter dem Seebad Bansin, sind sie in der Überzahl. Silbrig weiß recken sich ihre stolzen Stämme, die selbst dem eisig rauen Nordost trotzen, in den Himmel.

Im Sommer ist dieses kleine Fleckchen Steilküste, den die Insulaner den Langen Berg nennen, eines der lauschigsten und ruhigsten Plätzchen direkt an der Ostseeküste. Der Weg schlängelt sich stetig bergan. Vorbei an windschiefgepusteten Stämmen schenkt er zwischendurch wundervolle Ostseeweite. Blau bis an den Horizont. Doch sollte man seine Füße immer im Blick behalten. Denn dicke Wurzeln kreuzen nicht selten unverhofft den Weg. Oben auf einer Höhe von 54 Metern angekommen, ist das Forsthaus Langenberg ein labender Zwischenstopp, bevor es zum eigentlichen Glücksort weitergeht – der einsamen Bank direkt an der Kliffkante. Auf dem Weg dorthin begegnet man nur noch vereinzelt Wanderern. Das Rauschen in den hohen Kronen, das sich mit den Wellenklängen tief unten vereint, beruhigt und belebt die Seele gleichermaßen.

Und als hätte sie nur auf den Wandernden gewartet, lädt die kleine Holzbank schließlich zum Niederlassen, Füßeausstrecken und Loslassen ein. Die Menschen unten am Strand wirken winzig. Wohltuend ist der Blick über die Ostsee. Dort, wo sie in den Himmel übergeht, reihen sich große Frachter aneinander. Ihr Ziel: der Hafen von Swinemünde. Von hier oben jedoch sehen sie eher aus wie Spielzeugschiffe. Die Relationen verschieben sich in diesen Momenten der Entspannung und geben neuen Gedanken Raum.

● Buchenwald an der Bansiner Steilküste, 17419 Bansin
● ÖPNV: Haltestelle Bansin Seebrücke

Die Schweiz von Usedom

75 Schöne Aussichten vom Sieben-Seen-Blick

Wer die Schweiz kennt, weiß, dass sie neben anderen Dingen auch als Synonym für eine einmalig schöne Landschaft steht. Dabei gibt es sie nicht nur ein einziges Mal. Allein in Deutschland existieren 130 Schweizen. Eine von ihnen befindet sich auf einer Insel mitten in der Ostsee, auf Usedom. Und das ist weltweit tatsächlich einzigartig. Wer den kleinen Turm aus Holz auf dem gerade einmal 34 Meter hohen Hügel namens Krückenberg im kleinen Dörfchen Neu Sallenthin erklimmt, kann mitten hineinschauen in die Usedomer Schweiz. Das hügelige Moränenland mit den vielen Gewässern im Rücken der großen und mondänen Seebäder wurde vor etwa 18.000 Jahren durch den knapp 3 Kilometer hohen Gletscher der letzten Eiszeit geschaffen.

Die Höhe des Aussichtsturmes mag winzig erscheinen und trotzdem ist der Blick von der Plattform in die Weite enorm. Im Innenbereich der Kanzel angeschlagene Karten erklären, was man alles sehen kann. Je nach Jahreszeit und Vegetationsdichte hat man eine wundervolle Sicht auf den Schloonsee, den Großen und den Kleinen Krebssee, den Schmollensee, den Gothensee bis hin zum Achterwasser. Von Zeit zu Zeit gehört auch der Kachliner See als siebenter See zum Aussichtspanorama dazu. Wenn allerdings im Sommer große Trockenheit herrscht, kann es passieren, dass der flache See austrocknet und buchstäblich von der Bildfläche verschwindet. Einst stand ganz in der Nähe des Turms eine Holländerwindmühle. Fast 100 Jahre lang wurde in ihr Getreide gemahlen. Doch als die Mühle 1907 durch ein Feuer völlig zerstört wurde – angeblich durch Brandstiftung eines abgewiesenen Zechprellers des nebenan befindlichen Restaurants Bergmühle –, wurde sie nicht wieder aufgebaut. Geblieben ist von ihr nur der große Mahlstein am Fuß des Aussichtsturms. Der Sieben-Seen-Blick ist ein beliebter Anlauf- und Rastpunkt für Wanderer und Radler und auch den einen oder anderen Maler trifft man dort an.

- Aussichtsturm Sieben-Seen-Blick, Bergmühlenweg 12, 17429 Heringsdorf/OT Neu Sallenthin
- ÖPNV: Haltestelle Heringsdorf Sallenthin Bergmühle

Betreten auf eigene Gefahr!
Naturpark
Insel Usedom
Betreten
auf eigene
Gefahr!

Das Paradies im Meer

76 Ein Ausflug auf die Boddeninsel Ruden

Wie ist es eigentlich, auf einer einsamen Insel zu leben? Was macht man dort den ganzen Tag? Und wie ist es im Winter, wenn es stürmt und schneit? Wer all das wissen möchte, dem erzählen Kerstin Otto und Christian Wingrove-Rogers gern aus ihrem etwas anderen Ehealltag. Denn die beiden Künstler sind seit etwa 2 Jahren die einzigen Bewohner der winzigen Insel Ruden vor der Usedomer Küste. Der nur etwa 2,5 Kilometer lange und knapp 350 Meter breite Ruden ist ein wunderschönes Naturparadies. Einmal am Tag fährt ein Schiff von Peenemünde aus hinüber, entlässt eine Handvoll Naturliebhaber und Vogelkundler auf das Eiland und tuckert nach 1 Stunde Landgang wieder zurück. Den Rest der Zeit herrscht auf der Insel Ruhe. Früher war der Ruden eine wichtige Zoll- und Lotsenstation in der Ein- und Ausfahrt des Greifswalder Boddens. Sogar eine Schule gab es auf der 24 Hektar großen Sandbank.

Heute leben hier nur ebenjene zwei Menschen. „Und es ist ein Privileg“, schwärmt Christian, der das unmittelbare Erleben der Natur, die stete Veränderung und die Ruhe liebt. Auch wenn es im Winter hart sei. Denn sogar das Wasser müsse in Kanistern herangeschafft werden. Zudem sei der Generator ein sich stetig wiederholender Unfall. „Vier Pullover übereinander waren bislang Rekord“, erzählt der gebürtige Waliser, der in der Abgeschiedenheit schon drei Bücher geschrieben hat. Neugierig lauschen die Gäste seinen Geschichten über die Tiere und Pflanzen und über das Leben mit ihnen. Und schon nach einem kurzen Spaziergang legt sich der Frieden der Insel auch auf die Besucher. Mit etwas Glück schauen Robben vorbei, ein Trauermantel setzt sich auf eine benachbarte Blüte oder Seeadler breiten hoch in den Lüften ihre Schwingen aus. Um die 250 Vogelarten brüten hier. Zusammen mit dem Peenemünder Haken steht der Ruden unter besonderem Schutz. „Einsamkeit tut nicht weh“, sagt der walisische Robinson. Die Vorstellung, hier draußen mit der Natur im Einklang zu leben, ist verlockend.

- Insel Ruden, 17440 Kröslin, über Apollo Fahrgastreederei, 17449 Peenemünde schifffahrt-apollo.de/touren/insel-ruden.html
- ÖPNV: Haltestelle Peenemünde, 10 Minuten Fußweg

So schmeckt die Insel

77 Spezialitäten aus dem Hausladen Anna & Paul

Feine Geister durchwehen den kleinen Raum mit den antiken Fotografien an den Wänden und dem Fischerkram in jeder Ecke. Doch nicht nur Geister beherbergt der besondere Hausladen unterhalb des Fischrestaurants Waterblick in Loddin. Bei Anna & Paul können allerhand außergewöhnliche Souvenirs und handgefertigte Mitbringsel erstanden werden. Das Besondere jedoch sind die selbst gemachten Delikatessen nach Pommernart. In der hauseigenen Manufaktur werden Fruchtaufstriche, Gewürzöle, Kräutersalze, herzhaft pommersche Spezialitäten wie eingekochte Leberwurst, Fischsülze, Aal in Aspik, Schmalz hergestellt. Aber auch Brände und Liköre mit so wohlklingenden Namen wie FKK – Freester Kutterköm –, Möwenschiss, Fischers Träne oder Wellenbrecher. Bernsteiniges ist bei Anna & Paul ebenfalls zu finden.

Neben Schmuckstücken lockt das Gold des Meeres in feingeistiger Form. Der Loddiner Bernsteinzauber und der Loddiner Bernsteinengel zergehen vollfruchtig auf der Zunge. Inhaltstoff ist hier allerdings kein versteinertes Baumharz, sondern eine andere Küstenkostbarkeit, der Sanddorn. Sanddorn enthält jede Menge Vitamin C. Weit mehr als Zitronen oder Orangen. Wegen seiner gesunden Inhaltstoffe zählt die Küstenbeere sogar zum Superfood. Bei Anna & Paul wird aus ihr Hochprozentiges produziert, aber auch Fruchtaufstriche, Säfte und Senf.

All das und noch vieles mehr verbirgt sich hinter der Schwarzweißfotografie des ehemaligen Bürgermeisterehepaares Anna und Paul, das allen Produkten als Konterfei dient. Gutes Essen war die Leidenschaft der beiden. Und so heißt der Slogan des Hausladens denn auch: Wie Anna es machte und Paul es mochte. Eine hauseigene Spezialität, die man unbedingt auch vor Ort verköstigen sollte, ist der Loddiner Kaffeelikör. Denn bei Anna & Paul gibt es eine kleine, aber feine Auswahl erlesener Kaffeesorten. Da liegt es nahe, dass auch daraus eine pommersche Delikatesse kreiert wurde. Wer dagegen lieber Tee trinkt, wird bei Anna & Paul natürlich ebenfalls fündig.

- Hausladen Anna & Paul, Am Mühlenberg 5, 17459 Loddin
hausladen-waterblick.de
- ÖPNV: Haltestelle Loddin, 10 Minuten Fußweg

Wikingergeist
mit echtem Blattgold
brennt im Glas,
feurig servieren.
54% vol.
Pommern Delikat
Am Mühlenberg 5
17459 Loddin
Pommersche Leberwurst
Pommersche Leberwurst

Urbanes Kaffee-Glück

78

Die Swinemünder CoffeeBar

In dem kleinen, urigen und mit wild rankenden Pflanzen zugewachsenen Wintergarten direkt an der viel befahrenen Hafenstraße kommt man sich vor wie in einer der ganz großen Metropolen Europas. Urban, trubelig und mit Blick auf die vielen Ausflugschiffe, die am Kai liegen, ist der Besuch in der CoffeeBar ein kleiner Ausflug in die süße Vielfalt der polnischen Gastfreundschaft. Denn die CoffeeBar befindet sich auf dem polnischen Teil von Usedom in der größten Stadt der Insel, in Swinemünde. Ventilatoren surren an der Decke, schlichte Holzmöbel und rustikale Korbstühle laden zum Platznehmen ein. Ein Stimmengewirr aller möglichen Sprachen legt sich wie eine Base unter die aus den Lautsprechern tönenden Jazz- und Swing-Klänge der 1950er-Jahre. Das Publikum ist zumeist jung bis mittelalt, entspannt und gut gelaunt. Ein Besuch in der CoffeeBar ist belebend – nicht nur für den Geschmack, sondern für alle Sinne. Denn die Augen gehen einem über, betritt man zum Bestellen das Innere des Cafés. Die Auswahl an süßen Teilchen in der übervollen Kuchenvitrine ist überwältigend. Ob Fruchttorte, Crumble im Glas, Sahneschnitte oder Tarte – ein Kuchen sieht leckerer aus als der andere. Da die Besitzer gern nach Barcelona fahren, gibt es auch ein paar spanische Köstlichkeiten im Angebot. Die CoffeeBar ist jedoch nicht nur etwas für süße Schleckermäuler. Auch die Baguettes und die herzhaften Panini mit unterschiedlichen Belägen sind köstlich. Zum Kuchen gehört selbstredend guter Kaffee. Wer mehr möchte als einen schnöden Pott des dampfenden Heißgetränks, ist in der CoffeeBar am richtigen Ort. Hier gibt es jede Menge Kaffeespezialitäten. Zu empfehlen ist an heißen Tagen der Eiskaffee. Wahlweise in den Geschmacksrichtungen Minze, Himbeere oder Karamell.
Eine ausgesuchte CoffeeBar-Besonderheit sind die selbst gemachten Limonaden. Schrillt der mitgegebene Summer, kann die Bestellung von der Theke abgeholt werden und das große Schlemmen beginnt.

● CoffeeBar, Marynarzy 5, 72–600 Świnoujście, Polen
● ÖPNV: Haltestelle Port

hiszpański z
migdałami
16,-

Fischerdorf mit Haffblick

79

In der Bergstraße von Kamminke

Es ist, als würde der ganze Ort schlafen und träumen. Selbst zur Hochsaison, wenn andernorts Trubel herrscht. Die alten Fischkutter im Hafen heben und senken ihre Leiber sanft im Rhythmus der an den Kai schlagenden Wellen. In ihren Bäuchen staken lange Stangen mit schwarzen und roten Fähnchen. Mit ihnen markieren die Fischer ihre Netze, die sie allmorgendlich einholen. Das Geräusch, das ihr Flattern im Wind erzeugt, klingt wie leiser Applaus. Überhaupt weht hier am Haff immer eine Brise. Selbst im Sommer, wenn die Sonne sich auf der Wasseroberfläche spiegelt. Kamminke zählt zu den ältesten Fischerdörfchen der Insel Usedom. Ob der Ort wie früher mit C oder wie heute mit K geschrieben werden sollte, darüber streiten sich die Geister. Fest steht, dass er bereits im Mittelalter existierte und bis heute Heimat der Haff-Fischer ist.

Die mit Kopfsteinpflaster ausgelegte Bergstraße, die Glückssuchende unbedingt erklimmen sollten, wird von urig reetgedeckten Fischerkaten mit bunten Fassaden gesäumt. Viele der historischen Häuser wurden aufwendig renoviert. In den Vorgärten oder entlang der Hausfassaden blüht es in den schönsten Farben. Auf dem Scheitelpunkt angekommen, bitte einmal umdrehen und den Blick über die alten Strohdächer und das glitzernde Haff genießen. Wieder unten angelangt, mündet das lang gezogene Straßendorf im beschriebenen Fischereihafen, an dem man nach einer Wander- oder Radtour wunderbar auf einer der Bänke picknicken kann. Während die Möwen sich um die Fischreste streiten, fällt aller Stress von der Seele. Unweit des Dorfangers befindet sich ein kleiner Naturbadestrand. Kiter lieben ihn – nicht nur, weil der Wind sie pfeilschnell über die Wellen dahinjagt, sondern weil das Wasser hier so flach ist, dass sie auch weit vom Ufer entfernt noch immer stehen können. Einfach das Badehandtuch ausbreiten und bei geschlossenen Augen dem sanften Rauschen der Wellen lauschen: Die Ruhe dieses idyllischen Ortes verführt zum süßen Nichtstun.

- Bergstraße, 17419 Kamminke
- ÖPNV: Haltestelle Kamminke Haff

Einmal die Zeit vergessen

80 Galerie im Hühnerstall nebst Paradiesgarten

Die kleine Straße schlängelt sich mitten durch sattgrüne Felder bis in das Dörfchen Neeberg an der Krumminer Wiek. Hier sagen sich zu später Stunde allabendlich Fuchs und Hase Gute Nacht. Auch tagsüber wirken die stillen Reetdachhäuser und der kleine Fischerhafen wunderbar verträumt. Genau der richtige Ort, um zur Ruhe zu kommen und sich an der Kunst der Malerin Margret Schreiber-Gorny zu erfreuen. In einer winzigen 2 mal 2 Meter großen Kammer, die einst ein Verschlag für die Hühner gewesen ist, befindet sich ihre Galerie. An den Wänden hängen in kraftvoll leuchtenden Farben Malereien von Fischerkaten, Booten am Steg, von Usedomer Wasserlandschaften. Zusammen mit ihrem Mann Erich Schreiber hat die Künstlerin das Ensemble aus Bauernhaus, Nebengelass, Hof mit Brunnen und Hühnerstall wieder bewohn- und erlebbar gemacht. Auf dem gesamten Gelände stehen Plastiken und Getöpfertes, hängen kunstvolle Dekorationen aus Holz, Muscheln oder Hühnergötter – Feuersteine mit Löchern, die Margret Schreiber-Gorny bei Streifenzügen am Strand gesammelt hat.

Doch das eigentliche Highlight, das die Künstlerin mit viel Liebe selbst angelegt hat, ist der idyllische Feng-Shui-Garten. Alle fünf chinesischen Elemente – Feuer, Wasser, Erde, Metall und Holz – sind hier in Form von Stauden und Pflanzen, Wasserläufen oder Kunstwerken vertreten. Der Blick wandert über die vielen wilden Blumen, bleibt an verwitterten und verrosteten Stahlskulpturen hängen. Es rauscht gewaltig hoch oben in der Krone der Birke am Ende des Gartens. Doch dem besinnlichen Frieden im Inneren tut das keinen Abbruch. Windspiele aus Holz und Metall geben leise Töne von sich. Die Sonne wandert von Blatt zu Blatt. Ein Schmetterling setzt sich auf eine der unzähligen Blüten. Der Kopf wird leer, lässt los, was sonst so gewichtig beschäftigt und auf den Schultern lastet. Glück strömt durch den ganzen Körper, während man mit ausgestreckten Beinen dasitzt und genießt. Einfach einmal aus der Welt und aus der Zeit sein.

● Feng-Shui-Garten und Galerie im Hühnerstall, Neeberger Straße 9, 17440 Krummin/OT Neeberg, neeberg-galerie-fengshui.de
● ÖPNV: Haltestelle Krummin-Neeberg

Bibliografische Informationen der Deutschen Nationalbibliothek
Die Deutsche Nationalbibliothek verzeichnet diese Publikation in der Deutschen Nationalbibliografie; detaillierte bibliografische Daten sind im Internet über dnb.d-nb.de abrufbar.

2., aktualisierte Auflage 2024
Konzeption/Satz: Droste Verlag, Düsseldorf
Einbandgestaltung und Illustrationen: Britta Rungwerth, Düsseldorf, unter Verwendung von Bildern von © Fotolia.com: jd - photodesign.de; © iStock: Plociennik Robert
Fotos: Sandra Grüning, außer:
Henry Böhm: S. 77, 101; Jörg Geißler: S. 85; Matthias Gründling: S. 141; Insel-Safari: S. 83; Christina Kämmerer: S. 15; Kulmeck: S. 31; Harald Linde: S. 41; Lotsenturm GmbH: S. 33; Johanna Reinsch: S. 59, S. 121; Jörg Vietze: S. 53; Weiße Düne: S. 39

MIX Papier | Fördert gute Waldnutzung FSC® C011279

Druck und Bindung: LUC GmbH, Greven
ISBN 978-3-7700-2709-5

droste-verlag.de